les desserts

les desserts

EDITIONS ATLAS

Édité par :
Éditions Glénat

Services éditoriaux et commerciaux :
Éditions Glénat – 39, rue du Gouverneur-Général-Éboué
92130 Issy-les-Moulineaux

Cet ouvrage est une édition partielle de l'encyclopédie « La délicieuse cuisine d'Alice » publiée par les Éditions Atlas.

Maquette de couverture : Les Quatre Lunes

Crédits :
Couverture : **L. Nicoloso/Sucré Salé**

Intérieur :
A. Caste/Sucré Salé : pages 36, 64 ; **A. Muriot/La photothèque culinaire** : page 128 ; **A. Rivière – Lecœur/TOP** : page 79 ; **Belem/Option Photo** : pages 7, 11, 12, 15, 17, 18, 23, 24, 27, 30, 33, 34, 38, 40, 41, 43, 52, 55, 56, 59, 70, 71, 75, 77, 97, 98, 100, 102, 118, 122, 124, 126, 139, 145, 146, 147, 148, 149, 150, 151, 153, 157, 159, 166, 170 ; **B. Felgeirolles/Option Photo** : pages 7, 74, 106, 155 ; **B. Norris/Sucré Salé** : page 8 ; **C. Cattant/Atlas** : pages 11, 12, 15, 18, 27, 30, 33, 34, 40, 43, 52, 55, 58, 59, 70, 71, 77, 91, 97, 98, 100, 102, 119, 122, 124, 126, 139, 140, 145, 146, 147, 149, 150, 153, 157, 159, 166, 170 ; **Cedus** : page 67 ; **D. Azambre/Option Photo** : pages 7, 10, 16, 21, 25, 32, 42, 46, 48, 51, 56, 60, 76, 80, 82, 83, 91, 105, 110, 111, 129, 130, 131, 133, 134, 136, 137, 138, 140, 154, 156, 158, 161 ; **De Pestouan/Cedus** : page 84 ; **D. Rouche** : pages 13, 14, 31, 39, 44, 47, 50, 61, 62, 63, 73, 78, 87, 92, 99, 101, 103, 107, 108, 114, 123, 141, 165 ; **Éditions Consulaires** : pages 7, 13, 14, 22, 31, 39, 44, 47, 50, 61, 62, 63, 73, 78, 87, 92, 99, 101, 103, 104, 107, 108, 114, 123, 141, 152, 165 ; **F. Bellashen** : pages 13, 14, 31, 39, 44, 47, 50, 61, 62, 63, 73, 78, 87, 92, 99, 101, 103, 107, 108, 114, 123, 141, 165 ; **F. Bertram/Atlas** : page 96 ; **F. Bertram/La photothèque culinaire** : pages 7, 41, 45, 49, 57, 93, 116, 125, 127, 128, 163, 168, 169, 172 ; **F. Bouillard/TOP** : page 167 ; **G. Félix/Option Photo** : pages 20, 60, 138, 155 ; **G. Darque/La photothèque culinaire** : pages 85, 89 ; **J.-D. Sudres/TOP** : page 29 ; **J.-F. Rivière/TOP** : pages 7, 19 ; **J.-P. Dieterlen/La photothèque culinaire** : pages 7, 116, 164 ; **J. Hall/Sucré Salé** : page 94 ; **J. Renee/Option Photo** : page 106 ; **La photothèque culinaire** : page 112 ; **L. Bianquis/Option Photo** : page 106 ; **Lebain/Option Photo** : page 96 ; **Liégeois/Option Photo** : page 119 ; **Mauduech/Option Photo** : page 96 ; **M. Barberousse/TOP** : pages 53, 113 ; **M. Stock/La photothèque culinaire** : page 45 ; **Option Photo** : pages 81, 109, 132, 160 ; **P. Asset/Option Photo** : pages 20, 58, 60, 82, 135, 138, 162, 171 ; **P. Leroy/La photothèque culinaire** : page 163 ; **P. Masson/Option Photo** : page 161 ; **R. Moretto/Atlas** : page 26 ; **Roulier Turiot/Sucré Salé** : page 120, 142 ; **Rouvrais/Cedus** : pages 54, 66, 171 ; **Studio F&J/Atlas** : pages 7, 17, 19, 23, 24, 28, 35, 38, 68, 69, 72, 75, 86, 88, 90, 115, 117, 118, 144, 148, 151 ; **Sudres/TOP** : page 113 ; **Y. Bagros/La photothèque culinaire** : page 163.

Achevé d'imprimer à Singapour en mai 2010 par Imago Publishing Ltd
Dépôt légal : mars 2005
ISBN : 978-2-7234-5138-3

Introduction

Retrouvez les saveurs de votre enfance dans cet ouvrage consacré aux desserts, entremets et autres douceurs. Chaud ou froid, acidulé ou chocolaté, avec ou sans fruits, crémeux ou croustillant, épais ou moelleux, le dessert est ici à l' honneur. Les grands classiques sont bien sûr présents, comme le fondant au chocolat, le baba au rhum, la tarte au citron meringuée. Mais quelques recettes originales font place aux mariages subtils et insolites : ainsi vos papilles seront surprises et ravies, grâce aux aux beignets de glace choco et coulis d' ananas ou le soufflé glacé à la réglisse. Petits et grands ne feront qu' une bouchée de ces délicieux desserts!

L'éditeur

› Sommaire

→ 9

→ 37

→ 65

→ 95

→ 121

→ 143

Les entremets

Clafoutis
aux cerises

Ingrédients (pour 6 personnes)

- 600 g de cerises noires
- 4 œufs
- 150 g de sucre semoule
- 80 g de farine
- 100 g de beurre
- 25 cl de lait
- 1 sachet de sucre vanillé (ou sucre glace)
- 1 cuillère à soupe de kirsch
- 1 pincée de sel

› LA RECETTE

- Préchauffez votre four à 210°C (thermostat 7).
- Rincez, séchez et équeutez les cerises sans les dénoyauter. Mettez-les dans un plat creux et saupoudrez-les de 25 g de sucre. Réservez-les.
- Battez dans une jatte les 4 œufs avec 125 g de sucre et 1 pincée de sel. Tamisez 80 g de farine au-dessus des œufs. Mélangez jusqu'à obtention d'une consistance homogène.
- Faites fondre doucement au micro-ondes 75 g de beurre. Laissez-le tiédir et incorporez-le à la pâte, puis ajoutez une cuillerée à soupe de kirsch et 25 cl de lait en fouettant.
- Beurrez généreusement avec la moitié du beurre restant un plat à tarte profond ou une tourtière. Versez doucement la pâte à clafoutis dans le plat et déposez les fruits, bien serrés, dans la pâte. Parsemez de copeaux de beurre et enfournez pour environ 40 minutes.
- Lorsque le dessus du clafoutis est bien doré, sortez-le du four et poudrez-le de sucre vanillé ou de sucre glace. Laissez-le tiédir avant de le servir.

› VARIANTE

Le clafoutis est également délicieux préparé avec des quartiers de pêche, des abricots ou des prunes.

› CONSEIL

On ne conserve pas par hasard ni par paresse les noyaux dans un clafoutis. Le noyau en effet communique à la pâte le parfum de son amande. De plus, les fruits ainsi entiers et préservés conservent leur jus sans trop le répandre dans le dessert. Toutefois, il est préférable de sacrifier à la tradition lorsque l'on prépare ce plat à l'intention d'enfants.
Pour les adeptes des saveurs sucrées/salées en pâtisserie à la mode bretonne, utilisez du beurre salé qui donnera à cette recette un petit goût canaille.

Préparation : 1 heure
Réfrigération : 12 heures

Cuisson : 15 minutes

Réalisation : assez délicate

Coût : assez cher

Accompagnement :
un nectar de fruits rouges

Mousse à la vanille des îles

Ingrédients (pour 6 personnes)

- ✓ *250 g de fraises*
- ✓ *200 g de cerises griottes*
- ✓ *150 g de framboises*
- ✓ *15 biscuits à la cuiller*
- ✓ *6 jaunes d'œuf*
- ✓ *50 cl de lait*
- ✓ *15 cl de rhum blanc*
- ✓ *30 cl de crème liquide très froide*
- ✓ *250 g de sucre semoule*
- ✓ *6 feuilles de gélatine*
- ✓ *1 gousse de vanille « Bourbon »*
- ✓ *sucre glace, brins de menthe*

› LA RECETTE

- Émincez 150 g de fraises. Mettez-les dans une jatte avec 150 g de griottes et 100 g de framboises. Ajoutez 50 g de sucre en poudre et 5 cl de rhum blanc. Mélangez délicatement et laissez macérer au frais.
- Dans une casserole, faites bouillir 50 cl de lait avec 1 gousse de vanille fendue en deux. Retirez du feu et laissez infuser 10 minutes. Fouettez 6 jaunes d'œuf et 200 g de sucre semoule dans une jatte jusqu'à ce que le mélange blanchisse.
- Faites réchauffer le lait (sans la vanille) et versez-le bouillant dans la jatte. Mélangez bien et transvasez la préparation dans la casserole. Faites cuire sur feu moyen sans cesser de remuer. Retirez du feu aux premiers frémissements.
- Hors du feu, incorporez 6 feuilles de gélatine préalablement ramollies dans de l'eau froide puis égouttées. Laissez tiédir.
- Terminez la mousse : montez 30 cl de crème liquide en chantilly. Incorporez-la délicatement au mélange précédent.
- Trempez 15 biscuits à la cuiller dans le rhum et chemisez un moule à fond amovible. Versez-y la moitié de la mousse à la vanille. Ajoutez les fruits rouges macérés. Couvrez-les avec le reste de la mousse. Lissez la surface et mettez 12 heures au réfrigérateur.
- Au dernier moment, démoulez la mousse. Décorez la surface avec le reste des fruits rouges et quelques brins de menthe. Poudrez de sucre glace.

› CONSEIL

Très aromatique, la vanille « Bourbon » provient de Madagascar et de la Réunion. Ses gousses charnues, riches en graines parfumées, sont parmi les meilleures au monde. Pour les conserver, mettez-les dans un bocal ou une bouteille contenant un fond de rhum ambré. Bouchez et maintenez à l'abri de la lumière.

› TOUR DE MAIN

Coupez la base des biscuits à la cuiller. Trempez-les vite dans le kirsch, sans trop chercher à les imbiber. Tapissez uniquement la paroi du moule en serrant bien les biscuits les uns contre les autres.

Préparation : 30 minutes | Cuisson : 20 minutes | Réalisation : facile | Coût : bon marché | Vin conseillé : Saumur brut
Repos : 2 heures | Réfrigération : 14 heures

Charlotte
au citron

Ingrédients (pour 6 personnes)
- 3 citrons
- 2 œufs + 4 jaunes
- 12 biscuits à la cuiller
- 35 cl de crème fraîche
- 12,5 cl de jus de citron
- 550 g de sucre

› LA RECETTE

- Tapissez une plaque de papier d'aluminium. À l'aide d'un Économe, prélevez le zeste de 3 citrons. Placez les zestes dans une casserole, couvrez-les d'eau froide et portez à ébullition. Égouttez et faites blanchir deux fois encore.
- Détaillez les zestes blanchis en julienne. Dans une casserole, portez 50 cl d'eau à ébullition avec 400 g de sucre pendant 5 minutes. Plongez la julienne de zeste dans le sirop de citron et laissez mijoter 15 minutes.
- À l'aide d'une écumoire, transférez les zestes sur une plaque et laissez sécher à l'air libre pendant 2 heures. Versez le sirop dans un bol et réservez.
- Dans une jatte, fouettez 2 œufs, 4 jaunes d'œuf, 150 g de sucre, 12,5 cl de jus de citron et 1 pincée de sel. Placez la jatte au bain-marie et continuez de fouetter jusqu'à ce que la préparation épaississe (environ 6 minutes). Laissez refroidir et réfrigérez 12 heures.
- Hachez finement 2 cuillerées à soupe de zeste de citron confit et ajoutez-les à la préparation aux œufs. Montez 35 cl de crème fraîche en chantilly et incorporez-la délicatement à la préparation. Réservez au frais.
- Tapissez un moule à cake de film alimentaire. Imbibez 12 biscuits à la cuillère de sirop de citron. Versez un tiers de la crème au citron dans le moule, placez une couche de biscuits à la cuiller, puis une deuxième couche de crème, encore des biscuits, et terminez avec la crème. Couvrez et réfrigérez au moins 2 heures. Démoulez et servez des tranches parsemées de zeste confit.

› CONSEIL

Pour mieux vous organiser, préparez les zestes confits à l'avance. Conservez-les dans une boîte hermétiquement fermée et réservez le sirop, couvert, au réfrigérateur. Vous pouvez également confectionner la charlotte la veille du repas. Servez-la bien fraîche.
Avant de les mettre à sécher, saupoudrez les zestes confits de sucre.

Préparation : 1 heure 15
Repos : 3 heures | Cuisson : 10 minutes | Réalisation : assez délicate | Coût : assez cher | Vin conseillé : Muscat-de-Lunel

Ravioles de semoule *aux fruits frais*

Ingrédients (pour 4 personnes)

- 2 oranges
- 1 pomme
- 1 mangue
- 1/2 banane
- 1/4 d'ananas
- 1 kiwi
- 8 fraises
- 2 œufs + 2 jaunes
- 250 g de farine
- 12,5 cl de lait
- 12,5 cl de crème fleurette
- 65 g de semoule
- beurre, huile de friture
- miel liquide, sucre, sucre glace
- huile d'olive, sel
- feuilles de menthe

LA RECETTE

- Préparez la pâte à ravioles : versez 250 g de farine sur le plan de travail. Au centre, creusez un puits et mettez-y 2 jaunes d'œuf et 2 œufs battus avec 1 cuillerée à soupe d'huile d'olive et 1/2 cuillerée à café de sel. Incorporez peu à peu la farine aux ingrédients du puits. Formez une boule de pâte. Travaillez-la 15 minutes pour la rendre bien souple. Laissez-la reposer 3 heures.
- Préparez la farce : dans une casserole, faites chauffer 12,5 cl de lait, 12,5 cl de crème fleurette et 25 g de sucre. À l'ébullition, jetez-y en pluie 65 g de semoule. Laissez épaissir 5 minutes en remuant puis retirez du feu. Coupez 1/2 banane et 1/4 d'ananas en petits dés. Faites-les blondir dans une poêle avec 20 g de beurre. Incorporez-les à la semoule refroidie.
- Pelez 1 mangue et broyez-la au mixeur. Parfumez le coulis obtenu avec 1 cuillerée à soupe de miel liquide. Préparez la macédoine en taillant tous les fruits en petits dés (1 kiwi, 2 oranges, 8 fraises et 1 pomme).
- Faites chauffer l'huile de friture (185°C). Étalez très finement la pâte à ravioles. Découpez-la en 20 disques de 10 cm de diamètre. Déposez 1 cuillerée de farce au centre de chaque disque. Mouillez les bords avec un peu d'eau et repliez en chausson.
- Plongez les ravioles dans l'huile de friture très chaude. Laissez-les rissoler 3 à 4 minutes de chaque côté. Égouttez-les sur du papier absorbant.
- Dressez la macédoine de fruits au centre des assiettes et ajoutez le coulis de mangue. Saupoudrez les ravioles de sucre glace et posez-les autour des fruits. Décorez de feuilles de menthe.

TOUR DE MAIN

Pour gagner du temps, préparez la pâte à ravioles la veille. Pour optimiser sa conservation et limiter l'oxydation, ajoutez-y 1 petite cuillerée de vinaigre blanc. Enveloppez-la dans du film alimentaire et mettez-la au réfrigérateur.

CONSEIL

Procurez-vous de la semoule de blé dur très fine à cuisson rapide.

Préparation : 20 minutes
Réfrigération : 6 heures | Cuisson : 10 minutes | Réalisation : assez délicate | Coût : assez cher | Vin conseillé : un vin blanc doux

Moelleux
aux amandes craquantes

Ingrédients (pour 4 personnes)

- ✓ *8 larges biscuits à la cuiller*
- ✓ *100 g d'amandes mondées*
- ✓ *100 g de biscuit sablé*
- ✓ *50 g de macarons*
- ✓ *2 jaunes d'œuf*
- ✓ *100 g de sucre + 2 cuillères à café*
- ✓ *25 cl de crème fleurette*
- ✓ *10 cl de lait*
- ✓ *1 tasse de café fort*
- ✓ *2 cuillères à café de vin blanc doux*

› LA RECETTE

- Faites chauffer à sec 50 g de sucre dans un poêlon et ajoutez les amandes mondées. Remuez à la cuillère en bois jusqu'à obtention d'une belle couleur dorée et versez e croquant sur une plaque huilée. Laissez refroidir et durcir.
- Mélangez la tasse de café fort et 10 cl de lait. Trempez les biscuits à la cuiller dans le café au lait et faites-les s'imbiber généreusement. Disposez-les ensuite sur une plaque.
- Montez 25 cl de crème fleurette en chantilly avec 50 g de sucre. Masquez entièrement les biscuits de crème.
- Dans une petite casserole, battez au fouet électrique 2 jaunes d'œuf avec 2 cuillerées à café de sucre et 2 cuillerées à café de vin blanc. Posez la casserole sur une autre au bain-marie et continuez de battre en chauffant jusqu'à obtention d'une texture mousseuse et volumineuse.
- Nappez l'entremets avec la moitié du sabayon. Écrasez grossièrement le croquant aux amandes, les macarons et le biscuit sablé. Recouvrez l'entremets des trois ingrédients écrasés et réfrigérez pendant 6 heures au moins.
- À la sortie du réfrigérateur, coupez l'entremets en 4 parts et déposez-les dans les assiettes. Faites réchauffer au bain-marie le sabayon restant en le fouettant doucement et versez-en un généreux cordon dans les assiettes. Servez sans tarder.

› TOUR DE MAIN

Il est préférable de réaliser le sabayon en deux fois, la première fois en réalisant le gâteau, la seconde avant de le servir (1 jaune, 1 cuillerée de sucre et 1 cuillerée de vin doux à chaque fois), car le réchauffage de cet entremets délicat lui fait souvent perdre sa consistance et sa légèreté.

› CONSEIL

Utilisez un café 100 % arabica pour sa saveur incomparable. Les amandes doivent être de très bonne qualité : attention à ces fruits secs délicats qui, une fois sortis de leur coquille, rancissent très vite, ce qui donnerait à votre croquant un affreux arrière-goût. Pour le biscuit sablé, achetez des gâteaux secs type « spritz ».

Préparation : 45 minutes
Réfrigération : 4 heures

Cuisson : 5 minutes

Réalisation : assez délicate

Coût : bon marché

Vin conseillé : un crémant d'Alsace

Mousse
à la fraise

Ingrédients (*pour 4 personnes*)

- *230 g de fraises*
- *100 g de sucre semoule*
- *1/2 l de sorbet au citron vert*
- *10 cl de crème liquide très froide*
- *2 citrons verts non traités*
- *2 blancs d'œuf*
- *3 feuilles de gélatine*
- *1 cuillère à soupe de jus de citron vert*

› LA RECETTE

- Lavez et équeutez 150 g de fraises. Mettez-les dans le bol d'un mixeur avec 50 g de sucre semoule et 1 cuillerée à soupe de jus de citron vert. Broyez le tout jusqu'à obtention d'un coulis homogène.
- Faites ramollir 3 feuilles de gélatine dans de l'eau froide. Versez le coulis de fraise dans une casserole. Portez à ébullition sur feu doux. Hors du feu, incorporez une par une les feuilles de gélatine bien égouttées. Laissez refroidir.
- Fouettez 10 cl de crème liquide en chantilly ferme. Incorporez-la délicatement au coulis refroidi. Montez 2 blancs d'œuf en neige ferme avec 1 pincée de sel. À mi-parcours, ajoutez-y 50 g de sucre en poudre. Incorporez la meringue obtenue au mélange précédent.
- Répartissez la mousse dans 4 ramequins chemisés d'un film alimentaire. Faites-la prendre au réfrigérateur pendant 4 heures.
- Au dernier moment, nettoyez 80 g de fraises. Laissez les quatre plus belles entières et coupez les autres en petits dés réguliers. Prélevez le zeste d'1 citron vert et taillez-le en fine julienne. Coupez 1 autre citron vert en quartiers. Démoulez les mousses sur les assiettes. Déposez une petite boule de sorbet au citron vert sur chaque mousse. Décorez avec les fraises, les zestes et les quartiers de citron vert.

› VARIANTE

Les fraises des bois donneront à votre mousse un goût particulièrement délicat. Vous pouvez aussi remplacer les fraises par des framboises ou par des mûres. Servez alors un sorbet au citron jaune ou bien à la pomme verte.

› TOUR DE MAIN

Afin de faciliter le démoulage, tapissez avec soin l'intérieur des ramequins avec du film alimentaire en le laissant déborder. Pour démouler, posez une assiette sur le ramequin et retournez l'entremets. Soulevez le moule et retirez avec précaution le film alimentaire.

Préparation : 20 minutes | *Réfrigération : 2 heures* | *Cuisson : 5 minutes* | *Réalisation : facile* | *Coût : bon marché* | *Vin conseillé : un porto*

Crème catalane *d'automne*

Ingrédients (pour 4 personnes)

- *1 pomme*
- *1 poire*
- *6 jaunes d'œuf*
- *1 citron non traité*
- *1 l de lait*
- *100 g de sucre*
- *50 g de Maïzena*
- *1 bâton de cannelle*
- *1 écorce d'orange confite*
- *beurre, cassonade*

› LA RECETTE

- Brossez le citron sous l'eau tiède. Râpez finement son zeste et pressez-le. Épluchez 1 pomme et 1 poire, supprimez cœurs et pépins et découpez la chair en petits dés. Arrosez les dés de fruits de jus de citron pour éviter qu'ils noircissent.
- Faites fondre 20 g de beurre et faites sauter les dés de fruits. Après quelques minutes, saupoudrez-les de 20 g de sucre et poursuivez la cuisson jusqu'à ce qu'ils soient cuits et caramélisés. Réservez.
- Faites bouillir 80 cl de lait avec 1 bâton de cannelle, puis laissez infuser pendant 10 minutes. Battez 6 jaunes d'œuf avec 80 g de sucre. Réchauffez le lait et versez-le sur les jaunes petit à petit en fouettant, puis incorporez le zeste de citron.
- Délayez 50 g de Maïzena dans 20 cl de lait froid en mélangeant bien pour éviter les grumeaux. Versez ce mélange dans la préparation aux jaunes d'œuf et placez le tout sur feu doux. Sans laisser bouillir, faites épaissir la préparation.
- Disposez les fruits sautés au fond de 4 moules individuels à crème catalane, puis recouvrez-les de crème chaude. Réfrigérez pendant au moins 2 heures.
- Préchauffez le gril de votre four. Saupoudrez chaque moule d'1 cuillerée à soupe de cassonade. Découpez 1 écorce d'orange confite en julienne. Juste avant de servir, placez les crèmes catalanes sous le gril pour caraméliser le sucre. Servez les crèmes décorées de julienne d'écorce d'orange.

› VARIANTE

La crème catalane la plus traditionnelle est parfumée à la cannelle et au citron, à la fleur d'oranger ou à l'anis. Cette version automnale peut s'adapter à toute sortes de fruits, notamment aux fruits rouges d'été. Si vous choisissez ces derniers, ne les faites pas sauter.

› TOUR DE MAIN

Selon la tradition, on prépare la crème catalane dans des cassolettes individuelles, généralement en terre cuite, à la forme ronde et peu profonde. La caramélisation est réalisée à l'aide d'un fer à crème catalane du même diamètre que les cassolettes et chauffé directement sur la flamme.

Préparation : 15 minutes
Réfrigération : 1 heure
Cuisson : 10 minutes
Réalisation : assez délicate
Coût : bon marché
Boisson conseillée : un thé Earl Grey

Mousse *aux fruits confits*

Ingrédients *(pour 4 personnes)*
- ✓ *200 g de chocolat blanc*
- ✓ *60 g de fruits confits*
- ✓ *40 cl de crème liquide*

› LA RECETTE

- Découpez les fruits confits en petits dés. Tapissez un moule rectangulaire de film alimentaire en le tendant bien.
- Coupez le chocolat blanc en petits morceaux et installez-les dans un bain-marie pas trop chaud. Faites-les fondre doucement puis remuez avec une cuillère en bois pour obtenir un mélange bien lisse.
- Versez 40 cl de crème liquide très froide dans une jatte et placez-la sur un récipient plus grand rempli de glaçons. Montez la crème en chantilly à l'aide d'un fouet électrique.
- Versez le chocolat blanc fondu sur la chantilly en l'incorporant rapidement au fouet avant qu'il ne durcisse au contact de la crème froide, tout en ajoutant les dés de fruits confits.
- Versez la préparation dans le moule, couvrez et réfrigérez pendant au moins 1 heure. Démoulez puis tranchez pour servir.

› CONSEIL

Servez cette mousse accompagnée d'une belle sauce au caramel : faites un caramel d'une joie couleur dorée et déglacez-le au jus de pamplemousse. Un coulis de fruits rouges conviendra aussi. Ajoutez une petite goutte de Grand-Marnier ou bien de kirsch, de liqueur de mûre ou de violette.

› TOUR DE MAIN

Le chocolat blanc contient du beurre de cacao mélangé à du lait concentré ou en poudre, du sucre et de la vanille. Son caractère très gras le rend crémeux et doux, mais aussi un peu délicat à travailler. L'idéal est d'utiliser un thermomètre à confiserie pour faire fondre le chocolat blanc à 40°C, température à laquelle vous aurez les meilleurs résultats. Pour un bel effet, sélectionnez des fruits confits de couleurs différentes : cerises, angélique et écorces d'orange, par exemple. Ne cherchez pas à alléger cette recette : il faut une vraie crème liquide entière, à 35% de matières grasses, pour pouvoir monter la crème en chantilly bien ferme, ce qui assurera une mousse légère et aérienne.

Préparation : 30 minutes | Cuisson : 25 minutes | Réalisation : facile | Coût : bon marché | Boisson conseillée : lait de soja glacé ou un jus de fruit pressé (orange ou pamplemousse)

Clafoutis-kiwis

Ingrédients (pour 4 personnes)
- ✓ 6 kiwis
- ✓ 100 g de groseilles rouges
- ✓ 4 œufs
- ✓ 80 g de sucre semoule
- ✓ 80 g de farine
- ✓ 60 cl de lait
- ✓ 1/2 cuillère à café de vanille moulue
- ✓ brins de menthe, beurre, sel

› LA RECETTE

- Préchauffez votre four à 180°C (thermostat 6).
- Pelez 4 kiwis, taillez-les en rondelles. Dans une jatte, fouettez 4 œufs avec 80 g de sucre, 1 pincée de sel et 1/2 cuillerée à café de vanille moulue.
- Incorporez petit à petit 80 g de farine en la tamisant à travers une passoire fine. Versez progressivement 60 cl de lait sans cesser de fouetter jusqu'à obtention d'un mélange lisse et homogène.
- Répartissez les rondelles de kiwis dans 4 ramequins beurrés. Versez dessus le contenu de la jatte. Glissez les moules dans le four avec précaution. Laissez cuire 20 à 25 minutes jusqu'à ce les flans soient pris et légèrement dorés. Retirez-les du four et laissez-les refroidir.
- Pelez et tranchez finement 2 kiwis. Égrappez les groseilles rouges. Disposez les fruits sur les clafoutis et décorez de quelques brins de menthe. Servez frais.

› CONSEIL

Préparez une salade de groseilles et de kiwis (coupés en petits dés) macérés dans du jus d'orange.
Choisissez avec soin les kiwis : la peau doit être de couleur brun clair et ne présenter ni flétrissure, ni altération. Écartez les fruits trop mûrs, peu aptes à la consommation. Achetez-les plusieurs jours à l'avance et laissez-les mûrir à température ambiante jusqu'à ce que la chair, encore ferme au toucher, ait perdu sa rigidité. Facile à déguster (les enfants adorent le manger à la cuillère), le kiwi séduit par sa forte teneur en vitamine C, bien supérieure à celle des agrumes !
Si vous êtes en famille, faites cuire le clafoutis dans une tourtière ou un plat de grande dimension.

› TOUR DE MAIN

Remplacez les kiwis par des petits dés de pomme verte non épluchée (granny smith). En été, utilisez des nectarines (non pelées) en choisissant des fruits fermes et colorés. Décorez avec des petits fruits rouges (myrtilles, framboises, fraises des bois).

Préparation : 30 minutes
Réfrigération : 3 heures

Cuisson : 15 minutes

Réalisation : facile

Coût : bon marché

Vin conseillé : un verre de rhum blanc

Mousse
à la noix de coco

Ingrédients (pour 4 personnes)

- ✓ *100 g de noix de coco râpée + 4 cuillères à café*
- ✓ *50 cl de lait*
- ✓ *60 g de cassonade*
- ✓ *2 feuilles de gélatine*
- ✓ *2 cuillères à soupe de rhum blanc*
- ✓ *25 cl de crème liquide*
- ✓ *1 citron non traité*

› LA RECETTE

- Dans une casserole, mélangez 50 cl de lait, 100 g de noix de coco râpée et 60 g de cassonade. Portez à ébullition sur feu doux en remuant de temps en temps. Retirez du feu et laissez infuser jusqu'au complet refroidissement.
- Filtrez le lait à travers une passoire fine en pressant bien la pulpe de coco à l'aide d'une cuillère en bois. Faites ramollir 2 feuilles de gélatine dans de l'eau froide. Prélevez environ 10 cl de lait infusé, mettez-le dans une petite casserole et faites-le chauffer sur feu doux.
- Essorez les feuilles de gélatine. Hors du feu, faites-les fondre dans le lait chaud. Incorporez le mélange au reste du lait filtré. Parfumez avec 2 cuillerées à soupe de rhum blanc. Laissez refroidir entièrement.
- Montez 25 cl de crème liquide en chantilly bien ferme. Incorporez-la délicatement au lait de coco.
- Répartissez la préparation dans 4 coupelles. À l'aide d'un zesteur, prélevez une fine julienne de citron. Poudrez chaque mousse d'1 cuillerée à café de noix de coco râpée. Parsemez de zestes de citron. Mettez au réfrigérateur pendant 3 heures. Servez très frais.

› CONSEIL

Cette mousse de coco se marie parfaitement avec les fruits frais. Vous pouvez napper la surface d'un coulis de fruits rouges ou de fruits exotiques (mangue, kiwi). Prévoyez également des langues de chat ou des biscuits à la noix de coco.
Il est préférable d'utiliser du rhum blanc plutôt que du rhum ambré pour ne pas colorer la mousse et lui garder un bel aspect neigeux.

› TOUR DE MAIN

Fouettez la chantilly pendant 5 minutes à petite vitesse dans un récipient sortant du réfrigérateur.
Incorporez des raisins secs macérés dans le rhum !

Préparation : 20 minutes
Réfrigération : 1 heure

Cuisson : 45 minutes

Réalisation : assez délicate

Coût : bon marché

Vin conseillé : un Muscat de Lunel ou un Gewurztraminer

Crème brûlée *jasmin*

Ingrédients (pour 4 personnes)

- ✓ 6 jaunes d'œuf
- ✓ 1 cuillère à soupe de thé au jasmin
- ✓ 60 g de sucre semoule
- ✓ 40 cl de crème liquide
- ✓ 15 g de beurre (pour le moule)
- ✓ 60 g de cassonade

› LA RECETTE

- Préchauffez votre four à 150°C (thermostat 5).
- Versez 40 cl de crème liquide dans une petite casserole. Faites-la chauffer sur feu doux. Aux premiers frémissements, retirez du feu. Introduisez 1 cuillerée à soupe de thé au jasmin placée dans une boule à thé. Couvrez et laissez infuser pendant 5 minutes.
- Dans une jatte, fouettez les jaunes d'œuf et 60 g de sucre semoule jusqu'à obtention d'un mélange mousseux. Retirez le thé de la crème liquide. Versez-la doucement dans la jatte, sans cesser de remuer au fouet.
- Transvasez la préparation dans un moule à four beurré, assez large et peu haut. Faites cuire au four environ 45 minutes au bain-marie.
- Retirez la crème du four, laissez refroidir entièrement puis mettez-la au réfrigérateur pendant 1 heure.
- Au dernier moment, saupoudrez la crème d'une couche régulière de cassonade. Glissez-la sous le gril du four jusqu'à ce que la surface soit joliment caramélisée. Servez aussitôt.

› CONSEIL

Caraméliser la crème brûlée est toujours une opération délicate : le temps qu'une belle croûte dorée prenne en surface, la crème a tendance à se réchauffer. Pour éviter ce problème, installez la crème sur un lit de glaçons avant de la glisser sous le gril du four. Ce léger tour de passe-passe aura pour résultat de préserver la fraîcheur de l'entremets !

› TOUR DE MAIN

Pour vérifier la cuisson de la crème, posez le doigt délicatement à la surface : la crème doit être prise tout en restant souple au toucher.

Préparation : 25 minutes
Réfrigération : 4 heures

Cuisson : 10 minutes

Réalisation : assez délicate

Coût : assez cher

Vin conseillé : un crémant de Bourgogne

Charlottine

Ingrédients (pour 6 personnes)

- ✓ *350 g de framboises*
- ✓ *15 à 18 biscuits à la cuiller*
- ✓ *4 jaunes d'œuf*
- ✓ *120 g de sucre*
- ✓ *50 cl de lait*
- ✓ *20 cl de crème liquide*
- ✓ *15 cl de crème fraîche*
- ✓ *5 feuilles de gélatine*
- ✓ *100 g de dragées aux amandes*
- ✓ *1 gousse de vanille + vanille en poudre*

› LA RECETTE

- Mixez 150 g de framboises. Faites tremper 5 feuilles de gélatine dans de l'eau froide pendant 5 minutes. Enveloppez les dragées dans un torchon et écrasez-les avec un rouleau à pâtisserie.
- Faites bouillir 50 cl de lait avec 1 gousse de vanille fendue en deux. Grattez les petites graines avant de supprimer la gousse. Fouettez 4 jaunes d'œuf avec 100 g de sucre et versez dessus le lait bouillant en fouettant. Remettez sur le feu, remuez avec une spatule sur feu doux jusqu'à ce que la crème anglaise nappe le dos de l'ustensile, puis filtrez.
- Essorez la gélatine et incorporez-la en fouettant à la crème anglaise. Ajoutez la purée de framboise et faites refroidir la préparation sur un bol d'eau glacée. Fouettez 15 cl de crème fraîche en chantilly et incorporez-la à la crème refroidie juste au moment où elle commence à prendre.
- Taillez les biscuits à la cuiller à la hauteur du moule et dressez-les au fond et contre les parois. Mettez de côté quelques framboises pour décorer. Alternez les couches de crème et de framboises, en y répartissant les dragées écrasées. Couvrez de film plastique et réfrigérez pendant au moins 4 heures.
- Démoulez la charlotte. Montez 20 cl de crème liquide en chantilly avec 20 g de sucre et 1 bonne pincée de vanille en poudre. Décorez la charlotte de rosaces de chantilly et des fruits réservés.

› TOUR DE MAIN

Pour bien couvrir le fond du moule à charlotte de biscuits à la cuiller, coupez 3 ou 4 biscuits en deux et taillez-les en pointe pour qu'ils forment une étoile quand ils sont placés ensemble.
Une fois que les biscuits à la cuiller tapissent le moule, brossez leur face interne, à l'aide d'un pinceau de cuisine, de jus ou de liqueur de framboise.

› CONSEIL

Faites quelques économies en utilisant des framboises surgelées pour faire la purée, mais choisissez sans hésiter des framboises fraîches pour les incorporer au bavarois.

Préparation : 45 minutes
Réfrigération : 2 heures

Cuisson : 20 minutes

Réalisation : très délicate

Coût : assez cher

Vin conseillé : un vin blanc des Coteaux-du-Layon

Blanc-manger *au chocolat blanc*

Ingrédients (pour 4 personnes)

- *150 g de chocolat blanc*
- *1 petite génoise*
- *3 jaunes d'œuf*
- *50 g de poudre d'amandes*
- *80 g de sucre glace*
- *80 g de sucre semoule*
- *25 cl de crème fleurette*
- *25 cl de lait*
- *5 cl de kirsch*
- *3 feuilles de gélatine*
- *4 gouttes d'extrait d'amande amère*

› LA RECETTE

- Passez la poudre d'amandes au mixeur avec 80 g de sucre glace. Faites tremper 3 feuilles de gélatine dans l'eau froide.
- Faites bouillir 25 cl de lait avec 25 g de sucre semoule. Dans une terrine, fouettez les 3 jaunes d'œuf avec 25 g de sucre semoule et 4 gouttes d'extrait d'amande amère. Versez le lait bouillant dessus en fouettant.
- Transvasez cette préparation dans la casserole du lait et faites-la cuire en remuant sur feu doux. Stoppez la cuisson lorsque la crème nappe la cuillère et incorporez la gélatine essorée en remuant.
- Versez la crème sur le mélange d'amandes en poudre et mélangez. Laissez refroidir. Montez 25 cl de crème fleurette en chantilly et incorporez-la délicatement à la crème aux amandes.
- Faites fondre au bain-marie le chocolat blanc râpé. Étalez-le sur une plaque et laissez refroidir. Raclez avec une spatule métallique pour obtenir de gros copeaux.
- Faites chauffer 8 cl d'eau avec 30 g de sucre. Lorsque la surface présente de grosses bulles, stoppez la cuisson et laissez refroidir. Ajoutez 5 cl de kirsch.
- Découpez des cercles de génoise de 1,5 cm d'épaisseur et d'un diamètre inférieur aux cercles à entremets. Placez-les au fond des cercles et imbibez-les de sirop au kirsch. Recouvrez à ras bord de mousse. Décorez de copeaux de chocolat et réfrigérez 2 heures.

› TOUR DE MAIN

Si vous ne possédez pas de cercles à entremets, accessoires onéreux et plutôt rares dans les cuisines ordinaires, fabriquez-en en recouvrant d'aluminium des bandes de carton de 20 cm de long sur 5 cm de hauteur. Joignez ensuite les 2 côtés grâce à un coup d'agrafe.

› CONSEIL

Choisissez un chocolat blanc de première qualité (bannissez les produits vendus sous l'appellation « confiserie au chocolat » qui ne contiennent pas ou peu de beurre de cacao). L'extrait d'amandes amères est vendu au rayon des produits pour la pâtisserie.
Utilisez un vrai kirsch de qualité pour cette recette et non un kirsch « fantaisie » destiné à la pâtisserie.

Préparation : 10 minutes
Réfrigération : 6 heures | Cuisson : 5 minutes | Réalisation : facile | Coût : bon marché | Vin conseillé : un Amaretto

Panna cotta
à la vanille

Ingrédients (pour 4 personnes)

- ✓ *400 g de fraises*
- ✓ *150 g de sucre*
- ✓ *50 cl de crème double*
- ✓ *25 cl de lait*
- ✓ *7 g de gélatine en feuilles*
- ✓ *1 gousse de vanille*
- ✓ *jus de citron*

› LA RECETTE

- Versez 25 cl de lait et 50 cl de crème double dans une casserole. Ajoutez 100 g de sucre et mélangez pour bien l'incorporer. À l'aide d'un couteau bien aiguisé, fendez la gousse de vanille. Ajoutez-la à la crème et faites chauffer le mélange jusqu'à frémissement pendant quelques minutes. Retirez la casserole du feu, couvrez et laissez infuser 5 minutes.
- Faites tremper la gélatine dans de l'eau froide pendant 5 minutes. Retirez la gousse de vanille de la crème et grattez-la pour incorporer les petits grains noirs. Faites chauffer de nouveau jusqu'à frémissement.
- Essorez la gélatine et incorporez-la petit à petit à la crème chaude en fouettant pour la faire fondre. Versez la préparation dans 4 ramequins ou d'autres moules et réfrigérez au moins 6 heures.
- Lavez et équeutez les fraises, en en gardant quelques-unes pour décorer. Mixez les autres. Sucrez et ajoutez du jus de citron selon votre goût.
- Démoulez les panna cotta en trempant les moules brièvement dans de l'eau chaude. Insérez la pointe d'un couteau le long des bords, puis renversez sur une assiette. Versez dessus le coulis de fraise et décorez de morceaux de fruits.

› VARIANTE

Variez les parfums de la crème : ajoutez du zeste de citron râpé, remplacez la gousse de vanille par un bâton de cannelle ou par une cuillerée ou deux d'amaretto. Le coulis peut aussi changer de parfum : utilisez du miel au lieu du sucre ou incorporez une bonne cuillerée à café de kirsch ou d'un autre alcool selon vos goûts.

› CONSEIL

Vous pouvez verser la crème dans un moule tapissé de caramel, de sucre, d'eau et quelques gouttes de jus de citron, à la façon d'une crème caramel.
Décorez de pistaches émondées et non-salées hachées et de quartiers de fraises, ou encore placez dans le fond des moules un rond de chocolat ou un joli morceau de fraise qui sera ensuite visible quand vous démoulerez la crème.

Préparation : 1 heure
Réfrigération : 4 heures | Cuisson : 25 minutes | Réalisation : assez délicate | Coût : bon marché | Vin conseillé : Champagne ou Sauternes

Mousse au caramel *et aux poires*

Ingrédients *(pour 4 personnes)*

- 2 poires
- 150 g de cassonade
- 75 g de sucre semoule
- 40 g d'amandes effilées
- 25 g de beurre
- 30 cl de crème liquide
- 3 feuilles de gélatine
- le jus d'1/2 citron
- 1/2 gousse de vanille

› LA RECETTE

- Préparez la mousse : faites ramollir les 3 feuilles de gélatine dans de l'eau froide. Dans une casserole à fond épais, mélangez 75 g de sucre semoule et 2 cuillerées à soupe d'eau. Faites cuire sur feu vif jusqu'à obtention d'un caramel ambré.
- Hors du feu, arrêtez la cuisson en ajoutant 5 cl d'eau. Incorporez aussitôt 25 g de beurre en parcelles. Remuez et laissez fondre. Essorez les feuilles de gélatine. Incorporez-les une par une dans le caramel chaud.
- Au batteur électrique, fouettez 30 cl de crème liquide très froide en chantilly. Incorporez-la délicatement au caramel liquide. Transvasez la mousse obtenue dans 4 ramequins beurrés. Placez-les au réfrigérateur pendant 4 heures.
- Pelez 2 poires, coupez-les en deux. Dans une casserole, portez à ébullition 50 cl d'eau avec le jus d'1/2 citron, 150 g de cassonade et 1/2 gousse de vanille. Plongez-y les poires. Pochez-les jusqu'à ce qu'elles soient tendres (10 à 15 minutes). Laissez-les refroidir dans le sirop.
- Au dernier moment, faites dorer les amandes effilées dans une poêle antiadhésive. Réservez. Égouttez les poires et émincez-les. Démoulez les mousses. Posez-les au centre des assiettes. Placez une demi-poire émincée sur chaque mousse. Parsemez d'amandes effilées et servez.

› CONSEIL

Coulez un cordon de crème anglaise autour des mousses et présentez des petits biscuits feuilletés.
Pour un dessert plus convivial, préparez la mousse dans un moule en couronne ou un moule à bavarois.

› TOU DE MAIN

Versez l'eau froide avec précaution pour arrêter la cuisson du caramel : éloignez-vous de la casserole pour éviter les projections brûlantes qui risquent de se produire.
Pour démouler facilement les mousses, plongez le fond des moules quelques instants dans de l'eau chaude.

Préparation : 25 minutes
Réfrigération : 4 heures

Pas de cuisson

Réalisation : assez délicate

Coût : assez cher

Vin conseillé : un crémant de Bourgogne

Charlotte
aux fraises

Ingrédients (pour 6 personnes)

- ✓ *600 g de fraises*
- ✓ *16 biscuits à la cuiller*
- ✓ *4 jaunes d'œuf*
- ✓ *50 cl de lait*
- ✓ *180 g de sucre*
- ✓ *15 cl de crème fraîche*
- ✓ *10 cl de crème liquide*
- ✓ *5 feuilles de gélatine*
- ✓ *1 gousse de vanille*
- ✓ *1 cuillère à soupe de kirsch (facultatif)*

› LA RECETTE

- Lavez les fraises et équeutez-les. Coupez la moitié des fruits en tranches et mélangez-les à 40 g de sucre. Mixez les fraises restantes. Faites tremper la gélatine dans de l'eau froide pendant 5 minutes.
- Faites bouillir 50 cl de lait avec la gousse de vanille fendue en deux. Fouettez les jaunes d'œuf avec 100 g de sucre et versez le lait bouillant dessus en fouettant. Faites cuire en remuant sur feu doux jusqu'à ce que la crème nappe le dos de l'ustensile.
- Filtrez la crème anglaise. Essorez la gélatine entre vos doigts et incorporez-la en fouettant pour bien la délayer. Ajoutez la purée de fraises et parfumez de kirsch.
- Fouettez 15 cl de crème fraîche en chantilly avec 20 g de sucre et incorporez-la à la préparation. Taillez les biscuits à la cuiller à la hauteur du moule et dressez-les contre les parois.
- Réservez quelques fraises pour décorer. Alternez des couches de crème et de fraises dans le moule. Réfrigérez pendant au moins 4 heures.
- Démoulez la charlotte. Coupez les fraises restantes en petits dés. Montez 10 cl de crème liquide en chantilly avec 20 g de sucre. Décorez la charlotte avec des rosaces de chantilly et les dés de fraises.

› VARIANTE

Trempez rapidement les biscuits dans de la liqueur ou dans du jus de fraises avant de les placer dans le moule. Vous pouvez remplacer le sucre dans la crème anglaise par quelques cuillerées à soupe de miel.
Faites un caramel clair avec du sucre et quelques gouttes de jus de citron. Trempez-y le sommet de quelques fraises pour en garnir la charlotte.

› TOUR DE MAIN

Quand vous fouettez la crème, placez le bol sur un saladier d'eau glacée pour faciliter sa prise en chantilly.

Préparation : 10 minutes | Cuisson : 20 minutes | Réalisation : facile | Coût : bon marché | Vin conseillé : un Muscat-de-Frontignan.

Œufs à la neige *aux fruits rouges*

Ingrédients (pour 4 personnes)

- ✓ 200 g de framboises
- ✓ 100 g de groseilles
- ✓ 100 g de fraises
- ✓ 1 citron
- ✓ 5 blancs d'œuf
- ✓ 50 cl de lait
- ✓ 1 cuillère à soupe de miel d'acacia
- ✓ 1 cuillère à soupe de sucre glace
- ✓ 4 cuillères à soupe de sucre semoule

› LA RECETTE

- Prélevez le zeste d'un citron et taillez-le en julienne. Dans une petite casserole, couvrez cette julienne d'eau et amenez à ébullition pour la blanchir. Égouttez.
- Mélangez 2 cuillerées à soupe de sucre avec 1 cuillerée à soupe d'eau dans la casserole, amenez à ébullition et ajoutez les zestes blanchis. Faites cuire à feu moyen jusqu'à l'évaporation complète de l'eau et la caramélisation du sucre, environ 15 à 20 minutes. Égouttez les zestes en les séparant bien les uns des autres.
- Rincez les fraises, équeutez-les et coupez-les en quatre. Rincez et égrenez les groseilles. Mixez les framboises pour faire une purée avec quelques gouttes de jus de citron et 1 cuillerée à soupe de miel ou plus selon votre goût. Passez la purée de framboise au tamis fin.
- Battez les blancs en neige très ferme, ajoutez 1 cuillerée à soupe de sucre glace et fouettez encore 1 minute. Séparez les blancs en 4 masses. Faites chauffer le lait. Lorsqu'il frémit, faites pocher les blancs 4 minutes de chaque côté, puis égouttez-les. Répartissez le coulis de framboise dans 4 assiettes creuses. Garnissez chacune d'elles d'une île, des zestes confits et de quelques fraises et groseilles. Réservez au frais.
- Préparez un caramel en faisant chauffer 2 cuillerées à soupe de sucre et 1 cuillerée à soupe d'eau dans une casserole jusqu'à obtention d'une belle couleur dorée. Nappez les îles de caramel en le faisant couler le long d'une fourchette et en exerçant un mouvement de va-et-vient afin d'obtenir de longs fils.

› VARIANTE

Sacrifiez au régime en servant les îles flottantes sur une tranche de brioche toastée. Versez un filet de crème anglaise sur le coulis et décorez d'amandes effilées grillées.

› CONSEIL

Si vous optez pour les fruits rouges surgelés hors saison, ils sont de manière générale plus acides et donc réclament plus de miel. Sachez aussi qu'ils perdent de leur saveur, alors pensez à ajouter quelques gouttes d'une eau-de-vie du même fruit pour relever leur goût.

Préparation : 45 minutes
Réfrigération : 1 heure
Cuisson : 1 heure 10
Réalisation : assez délicate
Coût : bon marché
Vin conseillé : un vin blanc moelleux

Crème brûlée
sur compote de pêches

Ingrédients (pour 4 personnes)

- ✓ *1 kg de pêches jaunes*
- ✓ *8 jaunes d'œuf*
- ✓ *280 g de sucre semoule*
- ✓ *60 cl de crème liquide*
- ✓ *30 g de cassonade*
- ✓ *1 gousse de vanille*
- ✓ *brins de menthe fraîche*

› LA RECETTE

- Plongez les pêches dans de l'eau bouillante. Laissez-les frémir 5 minutes puis égouttez-les et rafraîchissez-les. Pelez-les. Ouvrez-les en deux, ôtez le noyau puis coupez-les en gros morceaux. Mettez-les dans une jatte. Poudrez-les de 30 g de cassonade. Ajoutez 2 feuilles de menthe émiettées. Remuez délicatement et laissez refroidir. Préchauffez votre four à 120°C (thermostat 4).
- Versez 60 cl de crème liquide dans une casserole. Fendez la gousse de vanille en deux et glissez-la dans la crème. Faites chauffer sur feu doux. Aux premiers frémissements, retirez du feu. Couvrez et laissez infuser 5 minutes.
- Dans une jatte, fouettez 8 jaunes d'œuf et 80 g de sucre semoule jusqu'à obtention d'un mélange clair et mousseux. Ôtez la vanille de la crème infusée en grattant l'intérieur de la gousse pour conserver les graines aromatiques.
- Versez la crème dans la jatte contenant les jaunes d'œuf et le sucre. Mélangez soigneusement au fouet. Transvasez la préparation dans 4 ramequins individuels. Faites cuire au four pendant 1 heure.
- Laissez refroidir les crèmes à température ambiante puis mettez-les 1 heure au réfrigérateur, ainsi que la compote.
- Au dernier moment, égouttez soigneusement quelques morceaux de pêches et posez-les à la surface des crèmes. Saupoudrez-les largement de sucre semoule (3 cuillerées à soupe par ramequin) et glissez-les sous le gril du four. Laissez caraméliser quelques minutes. Servez aussitôt en présentant le reste de compote à part.

› CONSEIL

Sélectionnez des pêches mûres à point.
Pour réussir la crème brûlée, utilisez de larges ramequins peu profonds comme ceux en terre cuite utilisés pour la crème catalane (la crème ne doit pas dépasser 1,5 cm d'épaisseur). Faites-la prendre à four très doux. En fin de cuisson, elle doit garder une certaine souplesse sous la pression du doigt.

Préparation : 15 minutes | Cuisson : 15 minutes | Réalisation : facile | Coût : bon marché | Vin conseillé : du Champagne

Douceur
de pain d'épices

Ingrédients (pour 4 personnes)

- ✓ 8 tranches de pain d'épices
- ✓ 50 cl de glace vanillée à l'ancienne
- ✓ 2 œufs
- ✓ 250 g de sucre en poudre
- ✓ 100 g de beurre salé
- ✓ 20 cl de crème double
- ✓ 20 cl de lait
- ✓ 25 g de beurre doux
- ✓ cannelle

› LA RECETTE

- Écroûtez le pain d'épices et égalisez la bordure des tranches à l'aide d'un couteau pour leur donner une jolie forme arrondie. Dans un plat creux, préparez un appareil à pain perdu en battant 2 œufs en omelette avec 50 g de sucre et 20 cl de lait. Ajoutez 1 pincée de cannelle.
- Versez 20 cl de crème double dans une casserole et portez à ébullition. D'autre part, faites caraméliser 200 g de sucre (sans eau) dans un poêlon. Coupez 100 g de beurre salé en parcelles.
- Lorsque le sucre est doré, ajoutez le beurre salé. Faites fondre le tout en mélangeant bien puis versez la crème bouillante sur le caramel. Laissez bouillir 2 ou 3 minutes et stoppez la cuisson. Filtrez et réservez.
- Trempez les tranches de pain d'épices dans l'appareil à pain perdu en les retournant plusieurs fois pour qu'elles l'absorbent bien. Égouttez-les à l'aide d'une écumoire.
- Dans une grande poêle, faites fondre 25 g de beurre et déposez-y les tranches de pain d'épices. Faites cuire jusqu'à ce que les tranches commencent à dorer (3 à 4 minutes) et retournez-les. Terminez la cuisson 2 minutes.
- Déposez 2 tranches de pain d'épices perdu tièdes dans chaque assiette. Entourez-les d'un généreux cordon de sauce au caramel au beurre salé et ajoutez une boule de glace à la vanille. Servez sans attendre.

› TOUR DE MAIN

Taillez les tranches de pain d'épices en cœurs ou en figurines à l'aide d'emporte-pièces amusants.
Trouvez la bonne mesure pour imbiber les tranches de pain d'épices ! Elles ne doivent pas séjourner trop longtemps dans les œufs sous peine de se désagréger.

› CONSEIL

Préférez un pain d'épices artisanal, mieux réalisé que les produits industriels. Pour les enfants, vous pouvez opter pour un pain d'épices au lait, le dessert sera alors plus doux. Choisissez une crème glacée de qualité dans laquelle apparaissent les petits grains de la vanille, ou un autre parfum de glace très aromatique selon vos goûts : miel, nougat ou cannelle.

Préparation : 35 minutes
Réfrigération : 1 heure

Cuisson : 1 heure

Réalisation : facile

Coût : bon marché

Vin conseillé : Vouvray ou Côteaux-du-Layon

Crème onctueuse *à l'amande*

Ingrédients (pour 4 à 6 personnes)

- ✓ 130 g d'amandes en poudre
- ✓ 75 cl de lait
- ✓ 80 g de cassonade
- ✓ 4 œufs
- ✓ 1/2 gousse de vanille
- ✓ 1 pincée de sel

› LA RECETTE

- Versez 75 cl de lait dans une casserole à fond épais. Ajoutez-y les amandes en poudre, 80 g de cassonade et 1/2 gousse de vanille fendue en deux dans la longueur. Portez à ébullition sur feu doux en remuant de temps en temps. Transvasez le lait aux amandes dans une jatte. Laissez-le infuser jusqu'au complet refroidissement.
- Préchauffez votre four à 180°C (thermostat 6).
- Filtrez le lait d'amandes à travers une passoire fine. Versez-le dans une casserole et faites-le réchauffer sur feu doux.
- Dans une jatte, battez 4 œufs en omelette avec 1 pincée de sel. Versez dessus le lait d'amandes très chaud en mélangeant au fouet à main.
- Filtrez de nouveau la crème d'amandes. Transvasez-la dans un moule à soufflé beurré. Posez le moule dans une plaque creuse et versez-y de l'eau bouillante. Glissez la crème dans le four. Faites-la cuire au bain-marie pendant 1 heure jusqu'à ce que le dessus soit doré.
- Sortez la crème d'amandes du four. Posez-la sur une grille et laissez-la refroidir entièrement. Mettez-la 1 heure au réfrigérateur avant de la déguster.

› VARIANTE

Remplacez les amandes par des pistaches en poudre. Vous pouvez aussi caraméliser le moule avant d'y versez la crème. Dans ce cas, démoulez l'entremets sur un plat au moment de servir.

Pour une présentation plus raffinée, faites cuire la crème dans des ramequins individuels.

Ajoutez quelques gouttes d'extrait d'amande amère pour renforcer l'arôme de la crème !

› CONSEIL

Filtrez le lait à travers une passoire fine en pressant les amandes avec une cuillère ou un mortier pour en extraire tout le liquide (vous devez obtenir 60 cl de lait parfumé).

Proposez un assortiment de tuiles aux amandes et de financiers.

Préparation : 35 minutes | *Cuisson : 55 minutes* | *Réalisation : facile* | *Coût : bon marché* | *Vin conseillé : du cidre doux ou brut*

Riz aux épices
et aux pommes

Ingrédients (*pour 4 personnes*)

- ✓ *200 g de riz rond*
- ✓ *2 grosses pommes*
- ✓ *100 g de gelée de pommes*
- ✓ *1/2 citron*
- ✓ *1 l de lait*
- ✓ *125 g de sucre semoule*
- ✓ *2 jaunes d'œuf*
- ✓ *50 g de beurre*
- ✓ *5 cl de Calvados*
- ✓ *quelques brins de menthe*
- ✓ *1 gousse de vanille*
- ✓ *2 étoiles de badiane*

› LA RECETTE

- Lavez et égouttez 200 g de riz. Mettez-le dans une casserole. Couvrez-le largement d'eau froide. Portez à ébullition sur feu vif et laissez cuire 1 minute à gros bouillons. Égouttez-le et rafraîchissez-le.
- Dans une grande casserole, faites chauffer 1 litre de lait additionné d'1 gousse de vanille fendue en deux et 2 étoiles de badiane. À l'ébullition, versez-y le riz et 1 pincée de sel. Laissez cuire 15 minutes sur feu doux.
- Incorporez 100 g de sucre semoule et laissez cuire environ 20 minutes à feu doux jusqu'à ce que le riz soit tendre. Hors du feu, liez avec 2 jaunes d'œuf. Éliminez les épices. Laissez tiédir.
- Pelez les 2 pommes, coupez-les en quartiers et arrosez-les avec le jus d'1/2 citron. Faites fondre 50 g de beurre dans une grande poêle, mettez-y les pommes et saupoudrez-les de 25 g de sucre. Laissez-les cuire jusqu'à ce qu'elles soient tendres et dorées de chaque côté (environ 20 minutes).
- Faites chauffer 100 g de gelée de pommes sur feu doux dans une petite casserole. Hors du feu, délayez avec 5 cl de Calvados.
- Disposez le riz en dôme au centre de 4 assiettes. Ajoutez quelques quartiers de pommes caramélisées. Nappez de gelée de pommes au Calvados. Décorez de brins de menthe et servez.

› VARIANTE

Remplacez les pommes par des pêches ou des nectarines et la gelée de pommes par une gelée aromatisée au thé.

› CONSEIL

Achetez du riz rond de Camargue ou une variété italienne utilisée pour le risotto (arborio). Choisissez des pommes acidulées se tenant bien à la cuisson (elstar).
Lorsque vous supprimez la vanille, recueillez les graines en grattant l'intérieur de la gousse avec la pointe d'un couteau et mélangez-les au riz. Prévoyez quelques étoiles de badiane supplémentaires pour décorer le dessert.

Préparation : 15 minutes | Cuisson : 1 heure 55 | Réalisation : assez délicate | Coût : bon marché | Vin conseillé : Rivesaltes ou Rasteau

Flans
à la confiture de lait

Ingrédients (pour 8 personnes)
- ✓ 2 l de lait
- ✓ 1 œuf + 17 jaunes
- ✓ 1,2 kg de sucre semoule
- ✓ 1 gousse de vanille

› LA RECETTE

- Dans une casserole à fond épais, versez 2 litres de lait et 1 kg de sucre semoule. Mélangez et ajoutez 1 gousse de vanille fendue en deux. Portez à ébullition puis laissez cuire 1 heure sur feu moyen jusqu'à obtenir une crème sirupeuse de couleur marron clair. Laissez-la refroidir entièrement.
- Dans une jatte, mettez 17 jaunes d'œuf et 1 œuf entier. Battez le tout en omelette. Versez la confiture de lait froide sur les œufs battus en la filtrant à travers une passoire. Mélangez vivement au fouet.
- Faites cuire 200 g de sucre et 10 cl d'eau jusqu'à obtention d'un caramel clair. Versez-le aussitôt au fond de 8 petits moules.
- Préchauffez votre four à 120°C (thermostat 4).
- À l'aide d'une petite louche, versez la crème aux œufs dans les moules caramélisés. Mettez-les au bain-marie et faites-les cuire au four pendant 45 minutes.
- Une fois cuits, retirez les flans du four. Laissez-les refroidir entièrement puis démoulez sur des assiettes. Servez bien frais.

› CONSEIL

Surveillez attentivement la cuisson du lait et du sucre pour éviter tout risque de débordement (ne couvrez surtout pas la casserole !).
Utilisez une partie des blancs d'œuf pour confectionner des macarons ou des financiers que vous servirez en accompagnement. Le reste des blancs peut être congelé pour un prochain usage.

Préparation : 35 minutes
Réfrigération : 30 minutes | Cuisson : 50 minutes | Réalisation : facile | Coût : bon marché | Vin conseillé : Sainte-Croix-du-Mont ou Jurançon

Crème caramel
à l'orange

Ingrédients (pour 6 personnes)

- ✓ 3 oranges
- ✓ 50 cl de lait
- ✓ 80 g de cassonade
- ✓ 2 œufs + 2 jaunes
- ✓ 15 morceaux de sucre n°4
- ✓ 100 g de sucre semoule

› LA RECETTE

- Dans une casserole, mettez 15 morceaux de sucre et 1 cuillerée à café d'eau. Faites cuire sur feu moyen jusqu'à obtention d'un caramel clair. Versez-le aussitôt dans 6 ramequins en les tournant pour que le caramel nappe aussi bien la bordure que le fond des moules.
- Préchauffez votre four à 150°C (thermostat 4/5).
- Lavez une orange sous l'eau chaude et essuyez-la. Prélevez son zeste à l'aide d'une petite râpe. Faites chauffer 50 cl de lait. Dans une jatte, fouettez les œufs entiers, les jaunes et la cassonade jusqu'à ce que le mélange devienne mousseux. Incorporez peu à peu le lait bouillant sans cesser de fouetter puis ajoutez le zeste d'orange râpé. Mélangez bien.
- Répartissez la préparation dans les ramequins caramélisés. Glissez-les dans le four et faites cuire au bain-marie environ 50 minutes.
- Entre-temps, préparez les oranges confites. Lavez les 2 oranges, essuyez-les et prélevez le zeste à l'aide d'un Économe. Détaillez-le en fine julienne. Mettez-la dans une casserole avec 10 cl d'eau et 100 g de sucre semoule. Portez à ébullition et laissez frémir 20 minutes sur feu doux jusqu'à ce que les zestes soient confits.
- Retirez les crèmes du four. Laissez-les refroidir avant de les démouler sur des petites assiettes. Décorez avec la julienne d'oranges confites. Placez au moins 30 minutes au réfrigérateur. Servez très frais.

› TOUR DE MAIN

Vérifiez la cuisson en piquant la crème avec la pointe d'un couteau : elle doit ressortir propre si l'entremets est bien pris.

Préparation : 30 minutes | *Cuisson : 35 minutes* | *Réalisation : facile* | *Coût : bon marché* | *Vin conseillé : un thé vert*

Clafoutis fraise
et rhubarbe

Ingrédients *(pour 4 personnes)*

- ✓ *6 branches de rhubarbe*
- ✓ *150 g de fraises*
- ✓ *3 œufs + 6 blancs*
- ✓ *12 cl de crème liquide*
- ✓ *150 g de beurre*
- ✓ *100 g de sucre glace*
- ✓ *90 g de poudre d'amandes*
- ✓ *farine*
- ✓ *miel*
- ✓ *vanille en poudre*

› LA RECETTE

- Dans un bol, mélangez 3 œufs entiers et 6 blancs d'œuf à l'aide d'un fouet. Incorporez énergétiquement 90 g de sucre glace, 90 g de poudre d'amandes et 1 pincée de vanille en poudre. Ajoutez 30 g de farine et 12 cl de crème liquide.
- Faites fondre 125 g de beurre jusqu'à obtenir une couleur noisette, puis filtrez-le et incorporez-le à la préparation.
- Lavez et séchez les fraises, équeutez-les et coupez-les en deux. Coupez les deux extrémités de 6 branches de rhubarbe puis, à l'aide d'un économe, épluchez les branches et coupez-les en gros dés.
- Faites fondre 25 g de beurre dans une poêle et faites sauter la rhubarbe à feu moyen pendant 5 minutes. Incorporez 1 à 2 cuillerées à soupe de miel selon votre goût et faites cuire encore 5 minutes à feu doux.
- Préchauffez votre four à 210°C (thermostat 7). Beurrez et farinez un moule à tourte ou 4 moules individuels. Disposez la rhubarbe et les fraises puis garnissez avec la préparation à l'œuf.
- Faites cuire dans un four chaud pendant 20 à 25 minutes. Saupoudrez de 10 g de sucre glace au moment de servir.

› VARIANTE

Si vous aimez les saveurs intenses, poudrez la rhubarbe de gingembre râpé frais ou moulu, ou même osez incorporer du poivre noir dans la préparation de base. Une approche plus classique consiste à ajouter un zeste d'orange ou de citron râpé, voire une cuillerée à soupe d'eau de fleur d'oranger. Rien ne vous empêche de flamber la rhubarbe avec un alcool de votre choix, notamment du Grand-Marnier.

› CONSEIL

Bien qu'on la considère plutôt comme un fruit, la rhubarbe est un légume de la famille polygonacées dont on ne mange que les tiges. Ces tiges, riches en potassium et apportant à votre régime de la vitamine C et du calcium, se conservent dans le bac inférieur du réfrigérateur. Mais attention : elles ramollissent rapidement. Blanchie, la rhubarbe supporte bien la congélation.

Préparation : 1 heure
Réfrigération : 12 heures | Cuisson : 15 minutes | Réalisation : assez délicate | Coût : bon marché | Vin conseillé : un crémant d'Alsace

Charlotte
à la poire

Ingrédients (pour 4 à 6 personnes)

- ✓ 1 boîte de poires au sirop
- ✓ 3 œufs + 3 jaunes
- ✓ 25 cl de lait
- ✓ 195 g de sucre semoule
- ✓ 60 g de farine
- ✓ 60 g de Maïzena
- ✓ 4 feuilles de gélatine
- ✓ 2 cuillères à soupe d'eau de vie de poire
- ✓ 1 cuillère à soupe de levure chimique
- ✓ beurre
- ✓ sucre glace
- ✓ sel

› LA RECETTE

- Préchauffez votre four à 200°C (thermostat 6/7).
- Préparez le biscuit : dans une jatte, fouettez 3 jaunes d'œuf avec 3 cuillerées à soupe d'eau chaude. Dans le mélange mousseux, incorporez 120 g de sucre semoule. Ajoutez les 3 blancs d'œuf battus en neige ferme avec 1 pincée de sel.
- Incorporez délicatement 60 g de farine, 60 g de Maïzena et 1 cuillerée à soupe de levure au contenu de la jatte. Incorporez ensuite 25 g de beurre fondu. Versez la pâte sur une plaque rectangulaire beurrée. Faites cuire 12 minutes au four. Démoulez le biscuit.
- Préparez la bavaroise : faites bouillir 25 cl de lait. Dans une jatte, fouettez 3 jaunes d'œuf et 75 g de sucre semoule. À l'ébullition, versez le lait dans la jatte en fouettant.
- Faites fondre 4 feuilles de gélatine dans 5 cl de sirop de poire bouillant. Incorporez le sirop à la bavaroise. Laissez refroidir puis parfumez avec 2 cuillerées à soupe d'eau-de-vie de poire. Incorporez 1 poire au sirop coupée en petits dés.
- Taillez le biscuit de façon à pouvoir chemiser le fond et la paroi d'un moule à charlotte. Tapissez-en le moule. Au pinceau, badigeonnez le biscuit avec un peu de sirop de poire. Versez la moitié de la bavaroise et recouvrez avec 1 disque de biscuit. Versez le reste de la bavaroise. Terminez en recouvrant entièrement de biscuit. Posez une assiette et un poids sur le moule. Mettez 12 heures au réfrigérateur.
- Démoulez la charlotte sur un plat. Émincez 2 poires au sirop et posez-les en rosace à la surface. Poudrez la surface de 20 g de sucre glace.

› CONSEIL

Découpez 2 disques de biscuit puis taillez une large bande pour tapisser la paroi. Les chutes de biscuit vous serviront à combler les interstices et à recouvrir la bavaroise. Servez une sauce au chocolat.

Préparation : 30 minutes
Réfrigération : 1 heure

Cuisson : 45 minutes

Réalisation : facile

Coût : bon marché

Vin conseillé : Loupiac, Jurançon

Crème au pain d'épice *et au miel*

Ingrédients (pour 4 personnes)

- ✓ 6 tranches de pain d'épice
- ✓ 2 œufs + 2 jaunes
- ✓ 30 cl de lait
- ✓ 30 cl de crème fleurette
- ✓ 50 g de cassonade
- ✓ 3 cuillères à soupe de miel liquide

› LA RECETTE

- Préchauffez votre four à 160°C (thermostat 5/6). Versez 30 cl de lait et 30 cl de crème fleurette dans une casserole. Portez à ébullition sur feu doux.
- Dans une jatte, fouettez 2 œufs entiers et 2 jaunes d'œuf avec 50 g de cassonade jusqu'à obtention d'un mélange mousseux. Hors du feu, incorporez 3 cuillerées à soupe de miel liquide dans la casserole de lait et de crème. Transvasez le mélange dans la jatte en battant au fouet.
- Écroûtez 2 tranches de pain d'épice, coupez-les en petits dés et mixez-les pour les réduire en chapelure. Incorporez celle-ci au contenu de la jatte.
- À l'aide d'une petite louche, transvasez la crème dans 4 grands ramequins individuels. Glissez-les dans le four. Faites-les cuire 45 minutes au bain-marie. Laissez-les refroidir à température ambiante puis mettez-les au réfrigérateur (au minimum 1 heure).
- Au dernier moment, écroûtez 4 tranches de pain d'épices et coupez-les en deux pour obtenir des triangles. Faites-les dorer dans une poêle antiadhésive très chaude. Servez les crèmes dans les ramequins, avec les croûtons de pain d'épice.

› VARIANTE

Choisissez de jolis ramequins en porcelaine culinaire car la crème ne se démoule pas. Vérifiez la cuisson en plantant une lame de couteau au centre de l'entremets : elle doit ressortir propre.

La crème sera plus onctueuse si vous utilisez de la crème fleurette entière.

Les tartes

Préparation : 20 minutes
Réfrigération : 1 heure 15
Cuisson : 45 minutes
Réalisation : assez délicate
Coût : assez cher
Vin conseillé : un Bordeaux blanc ou un Muscat d'Alsace

Linzertorte

Ingrédients (pour 4 personnes)

- ✓ 500 g de confiture de framboises
- ✓ 150 g de farine
- ✓ 150 g de beurre mou
- ✓ 100 g de poudre d'amandes
- ✓ 1 œuf entier + 1 jaune
- ✓ 1 citron
- ✓ 5 cuillères à soupe de sucre semoule
- ✓ 1/4 de cuillère à café de cannelle en poudre
- ✓ 1/4 de cuillère à café de vanille pulvérisée
- ✓ 1 clou de girofle

› LA RECETTE

- Sortez le beurre du réfrigérateur et coupez-le en cubes pour qu'il ramollisse. Brossez le citron sous l'eau tiède et prélevez le zeste fin. Pressez-le.
- Dans une terrine, fouettez 1 œuf puis ajoutez-lui 1/4 de cuillerée à café de cannelle, la moitié de la vanille en poudre, 5 cuillerées à soupe de sucre et 1 pincée de sel. Fouettez jusqu'à ce que le mélange blanchisse.
- Tamisez 150 g de farine et ajoutez la poudre d'amandes et le zeste râpé du citron. Versez d'un coup le mélange dans la terrine. Mélangez soigneusement à la cuillère en bois. Sablez la pâte finement en l'effritant du bout des doigts.
- Versez ce sable sur le plan de travail fariné. Posez le beurre mou au milieu. Pétrissez le mélange, juste assez pour obtenir une pâte souple. Enveloppez-la dans du film alimentaire et laissez-la reposer 1 heure au frais.
- Entre-temps, faites réduire d'un tiers au moins la confiture délayée avec le jus de citron, le reste de la vanille en poudre et le clou de girofle moulu dans une casserole sur feu moyen. Laissez tiédir.
- Étalez la pâte dans une tourtière munie de charnières beurrée. Remplissez la tarte de confiture épicée. Dans les chutes de pâte, taillez des lanières d'environ 1 cm de large et formez un quadrillage sur le dessus de la pâte. Battez le jaune d'œuf avec 1 cuillerée à soupe d'eau ou de lait et badigeonnez au pinceau le quadrillage en pâte.
- Préchauffez votre four à 180°C (thermostat 6). Entre-temps, mettez la tarte au congélateur (15 minutes). Enfournez-la pour 35 minutes jusqu'à ce qu'elle soit bien dorée.

› CONSEIL

Saupoudrez votre tarte tiède de sucre glace et décorez-la de framboises fraîches et d'amandes effilées dorées à la poêle. Servez cette tarte tiède avec de la crème fouettée.

Préparation : 45 minutes | Cuisson : 50 minutes | Réalisation : assez délicate | Coût : assez cher | Vin conseillé : un vin de Muscat
Réfrigération : 1 heure

Tarte *à la ricotta*

Ingrédients (*pour 4 personnes*)

- ✓ *300 g de ricotta au lait de vache*
- ✓ *480 g de farine*
- ✓ *340 g de sucre*
- ✓ *2 œufs + 6 jaunes*
- ✓ *1 citron non traité*
- ✓ *1/2 paquet de levure chimique*
- ✓ *20 cl de lait*
- ✓ *30 g de pépites de chocolat*
- ✓ *50 g d'écorce d'orange confite*
- ✓ *1 gousse de vanille*
- ✓ *cannelle en poudre*

› LA RECETTE

- Préparez la pâte à tarte en mélangeant en pommade 200 g de sucre et 200 g de beurre mou en parcelles dans une terrine. Ajoutez 2 œufs entiers et 1 jaune puis le zeste d'un demi citron râpé. Incorporez ensuite les graines d'une gousse de vanille, 400 g de farine et 1/2 paquet de levure chimique. Pétrissez et formez une boule.
- Préparez la crème à la ricotta. Faites chauffer 20 cl de lait avec le zeste d'un demi citron râpé. Dans une autre casserole, fouettez 50 g de sucre avec 2 jaunes d'œuf et 30 g de farine tamisée. Versez dessus le lait bouillant en fouettant et faites chauffer environ 10 minutes à feu doux jusqu'à épaississement. Laissez refroidir complètement et réfrigérez environ 1 heure.
- Dans une terrine, versez la ricotta, 90 g de sucre, 2 jaunes d'œuf et 50 g de farine. Fouettez jusqu'à ce que le mélange soit lisse. Incorporez la crème bien froide délicatement.
- Incorporez au mélange les pépites de chocolat, l'écorce d'orange découpée en tout petits dés et 1 bonne pincée de cannelle moulue. Étalez la pâte à tarte au rouleau sur une épaisseur de 4 mm. Foncez un moule à tourte de 25 cm de diamètre. Coupez et égalisez les bordures.
- Préchauffez votre four à 180°C (thermostat 6). Versez la crème sur le fond de pâte. Étalez le surplus de pâte et découpez-le en lanières. Croisez-les sur le dessus de la tarte. Dorez-les avec le dernier jaune d'œuf. Enfournez pour 40 minutes puis laissez refroidir et réservez au frais.

› VARIANTE

Les Napolitains sont fous de cette tarte célèbre. Ils l'agrémentent volontiers, au gré de leur fantaisie, d'eau de fleur d'oranger, d'eau de rose, de fruits confits ou de grains de blé.

› CONSEIL

Pour une présentation superbe, faites fondre un peu de gélatine dans de la gelée d'agrumes ou d'abricot chauffée, badigeonnez la surface de la tarte refroidie de ce mélange, ce qui la rendra aussi brillante que si elle sortait de chez le pâtissier !

Préparation : 25 minutes
Repos : 1 heure

Cuisson : 45 minutes

Réalisation : facile

Coût : bon marché

Boisson conseillée : un thé à la menthe

Tarte à la semoule *et raisins*

Ingrédients (pour 4 personnes)

- ✓ 70 g de semoule
- ✓ 50 g de raisins de Corinthe
- ✓ 2 œufs
- ✓ 50 cl de lait
- ✓ farine, beurre, sucre
- ✓ 1 gousse de vanille
- ✓ 3 cuillères à soupe d'eau de fleur d'oranger

› LA RECETTE

- Mélangez 200 g de farine avec 15 g de sucre et 1 pincée de sel avant d'incorporer 100 g de beurre en petits morceaux en le travaillant rapidement avec le bout des doigts. Ajoutez 1 œuf battu et 1 cuillerée à soupe d'eau froide, et travaillez juste assez pour obtenir une boule de pâte. Laissez reposer 1 heure au frais.
- Pendant ce temps, faites macérer 50 g de raisins secs dans 3 cuillerées à soupe d'eau de fleur d'oranger. Fendez 1 gousse de vanille en deux et grattez les graines dans une casserole contenant 50 cl de lait et 50 g de sucre.
- Portez à ébullition. Versez 70 g de semoule en pluie en remuant. Faites cuire pendant environ 5 minutes à feu très doux en remuant sans cesse et en incorporant 20 g de beurre petit à petit. Retirez du feu, ajoutez 1 œuf et le mélange de raisins et d'eau de fleur d'oranger.
- Préchauffez le four à 210° (thermostat 7). Garnissez un moule à tarte de la pâte sucrée. Piquez le fond avec une fourchette. Couvrez la pâte de papier sulfurisé puis de haricots secs. Faites cuire à blanc 10 minutes.
- Sortez le fond de tarte du four, enlevez le papier sulfurisé et les haricots, et versez-y la préparation à la semoule. Remettez la tarte au four pendant 30 minutes. Démoulez sur une grille à la sortie du four. Servez tiède ou froid.

› VARIANTE

Pour affirmer les saveurs d'Afrique du Nord, ajoutez un peu de cannelle à la préparation à la semoule selon votre goût. Pour une autre version, faites infuser des brins de menthe fraîche dans le lait avant de l'utiliser pour la préparation de la semoule.

› CONSEIL

Pour soigner la présentation, découpez des petites feuilles ou d'autres formes dans les chutes de pâte et collez-les avec un peu d'eau tout autour de la tarte au moment où vous la garnissez de semoule. Terminez en poudrant la surface de la tarte avec un peu de sucre glace, voire de cassonade. Dans ce dernier cas, passez la tarte rapidement sous le gril pour la caraméliser.

Préparation : 20 minutes
Réfrigération : 2 heures 30
Cuisson : 25 minutes
Réalisation : assez délicate
Coût : bon marché
Vin conseillé : Vouvray doux

Tarte
au caramel

Ingrédients (pour 6 personnes)

- ✓ *360 g de cassonade*
- ✓ *280 g de beurre salé*
- ✓ *200 g de farine*
- ✓ *120 g de Maïzena*
- ✓ *1 œuf*
- ✓ *60 cl de lait*
- ✓ *15 g de sucre*
- ✓ *15 cl de crème fraîche*

› LA RECETTE

- Mélangez 250 g de farine, 20 g de sucre et 1 pincée de sel. Incorporez 100 g de beurre en petits morceaux en travaillant rapidement avec le bout des doigts. Ajoutez l'œuf battu et 1 cuillerée à soupe d'eau froide sans trop pétrir. Rassemblez rapidement la pâte en boule et laissez-la reposer 1 heure au frais.
- Étalez la pâte et garnissez-en un moule à tarte de 22 cm de diamètre. Piquez la pâte pour éviter qu'elle ne gonfle pendant la cuisson. Laissez à nouveau reposer au frais 30 minutes.
- Préchauffez votre four à 180°C (thermostat 6).
- Couvrez la pâte à tarte de papier d'aluminium et remplissez-la de haricots secs. Enfournez la tarte et laissez-la cuire à blanc pendant 10 minutes. Enlevez les haricots et laissez cuire encore 8 minutes.
- Faites bouillir ensemble le lait et la crème fraîche. Dans une casserole, faites chauffer la cassonade avec 180 g de beurre salé en petits morceaux. Lorsque le sucre est totalement fondu, faites prendre le mélange en caramel pendant 2 minutes à feu moyen sans qu'il ne brûle, puis ajoutez le lait bouillant et laissez cuire à feu vif 1 minute.
- Versez 10 cl d'eau froide sur la Maïzena en mélangeant pour éviter la formation de grumeaux. Ajoutez ce mélange dans la préparation au caramel. Faites-la chauffer à feu doux pendant quelques minutes jusqu'à ce qu'elle soit assez épaisse, puis versez-la sur le fond de tarte. Laissez refroidir une heure avant de servir.

› CONSEIL

Confectionnez un caramel avec 50 g de sucre et 25 ml d'eau. Une fois obtenu un beau caramel doré, faites-le vite couler en fins cercles s'entremêlant sur une plaque ou une assiette bien froide et beurrée. Laissez refroidir et décollez ce joli décor pour le poser sur le dessus de la tarte avant de la servir.

Préparation : 35 minutes | *Cuisson : 25 minutes* | *Réalisation : assez délicate* | *Coût : bon marché* | *Vin conseillé : un Gewurztraminer*

Tarte
au citron meringuée

Ingrédients (pour 6 personnes)

Pour la pâte :

- ✓ 50 g de poudre d'amandes
- ✓ 250 g de farine
- ✓ 150 g de beurre
- ✓ 1 œuf
- ✓ 100 g de sucre semoule
- ✓ 1/2 cuillère à café de sel

Pour la garniture :

- ✓ 2 citrons non traités
- ✓ 2 œufs + 1 jaune d'œuf
- ✓ 200 g de sucre semoule
- ✓ 25 g de sucre glace
- ✓ 25 cl de lait
- ✓ 3 cuillères à soupe de Maïzena

› LA RECETTE

- Préchauffez votre four à 180°C (thermostat 6).
- Préparez la pâte. Mettez 150 g de beurre ramolli dans une jatte. Sans trop travailler la pâte, ajoutez en mélangeant 50 g de poudre d'amandes, puis 100 g de sucre semoule, puis une demi-cuillerée à café de sel, 1 œuf, et pour finir incorporez 250 g de farine. Si la pâte ne forme pas une boule, ajoutez quelques cuillerées d'eau.
- Abaissez la pâte et garnissez-en un moule de 26 centimètres de diamètre. Étalez dessus un papier sulfurisé et posez quelques haricots pour empêcher la pâte de gonfler. Faites cuire à blanc pendant 20 minutes.
- Préparez la crème au citron. Brossez soigneusement un des 2 citrons. Prélevez son zeste. Pressez les 2 citrons et réservez leur jus. Séparez les blancs des jaunes des 2 œufs entiers. Réservez les blancs. Mettez 25 cl de lait à chauffer.
- Fouettez les 3 jaunes d'œuf avec 125 g de sucre semoule jusqu'à ce que le mélange blanchisse. Ajoutez 3 cuillerées à soupe de Maïzena tamisée et le zeste de citron. Versez toujours en fouettant le lait bouillant dans le mélange. Transvasez le tout dans une casserole et faites cuire en remuant à feu doux quelques minutes jusqu'à épaississement. Incorporez le jus de citron hors du feu. Laissez tiédir.
- Pendant ce temps, préparez la meringue. Fouettez les 2 blancs d'œuf en neige très ferme avec 75 g de sucre semoule. Allumez le gril de votre four. Garnissez de crème au citron le fond de pâte refroidi. Étalez dessus la meringue en créant des aspérités à sa surface et saupoudrez-la de 25 g de sucre glace passés à travers un tamis.
- Glissez la tarte sous le gril jusqu'à ce qu'elle soit caramélisée. Démoulez-la et laissez-la refroidir sur une grille.

› VARIANTE

Utilisez votre micro-ondes pour faire ramollir le beurre, chauffer le lait, etc.
Laissez reposer pendant une demi-heure votre pâte au frais avant de l'abaisser. Elle se raffermira car elle est riche en beurre et sera plus facile à étaler !

Préparation : 1 heure
Réfrigération : 2 heures | *Cuisson : 25 minutes* | *Réalisation : assez délicate* | *Coût : assez cher* | *Vin conseillé : un Rasteau ou un verre de Cognac*

Tarte au chocolat
et marrons

Ingrédients (pour 4 à 6 personnes)

- ✓ 240 g de pâte sablée pré-étalée
- ✓ 250 g de chocolat noir
- ✓ 200 g de crème de marrons
- ✓ 6 marrons glacés (facultatif)
- ✓ 3 œufs
- ✓ 10 cl de café très chaud
- ✓ 50 g de beurre très mou
- ✓ sucre glace, Cognac

› LA RECETTE

- Préparez la mousse : hachez le chocolat noir à l'aide d'un grand couteau. Faites-le fondre dans 10 cl de café très chaud. Mélangez jusqu'à obtention d'une pâte lisse et homogène. Incorporez un par un les 3 jaunes d'œuf.
- Dans une jatte, travaillez 50 g de beurre très mou en pommade. Ajoutez peu à peu la pâte au chocolat en mélangeant à la cuillère en bois. Montez les 3 blancs d'œufs en neige ferme. À mi-parcours, ajoutez-y 20 g de sucre glace. Incorporez la meringue obtenue au mélange précédent. Mettez 2 heures au réfrigérateur.
- Préchauffez votre four à 200°C (thermostat 6/7).
- Installez la pâte sablée (et son papier cuisson) dans un moule à fond amovible, à bord haut et de petit diamètre. Piquez la pâte avec une fourchette, au fond et sur la paroi. Garnissez-la de papier aluminium et de billes de cuisson. Glissez le moule dans le four. Au bout de 20 minutes, ôtez le papier et les billes. Faites cuire encore 5 minutes puis retirez du four. Laissez refroidir puis démoulez avec précaution.
- Dix minutes avant de servir, transvasez la mousse au chocolat dans une poche à douille. Garnissez le fond de tarte de volutes en chocolat.
- Parfumez 200 g de crème de marrons avec 1 cuillerée à soupe de Cognac. Mettez le mélange dans une poche à douille et formez des festons le long du bord de pâte. Poudrez-les d'un voile de sucre glace. Déposez 6 marrons glacés au centre de la tarte. Servez aussitôt.

› CONSEIL

Choisissez un chocolat noir d'excellente qualité, d'une teneur en cacao élevée mais non excessive : au-delà de 70 %, le chocolat est parfois « cassant » et fond moins bien qu'un chocolat plus ordinaire. Privilégiez l'origine et la finesse des crus pour un dessert très raffiné.

› TOUR DE MAIN

Avant d'enfourner le fond de tarte débarrassé du lestage de billes de cuisson, protégez le bord de la pâte avec du papier d'aluminium pour éviter qu'il soit trop cuit (ou même brûlé !).

Préparation : 1 heure
Réfrigération : 3 heures
Cuisson : 35 minutes
Réalisation : assez délicate
Coût : assez cher
Vin conseillé : un crémant de Bourgogne

Tartes
au coulis de cassis

Ingrédients (pour 4 personnes)

- ✓ *500 g de cassis*
- ✓ *250 g de farine*
- ✓ *225 g de sucre*
- ✓ *5 œufs + 3 jaunes*
- ✓ *150 g de beurre mou*
- ✓ *25 cl de crème fleurette*
- ✓ *1 pincée de vanille moulue*
- ✓ *1 pincée de sel*

› LA RECETTE

- Préparez la pâte : dans une jatte, malaxez 150 g de beurre mou à la cuillère en bois jusqu'à obtention d'une pommade. Incorporez-y peu à peu 75 g de sucre, 1 jaune d'œuf puis 1 œuf entier. Ajoutez 250 g de farine, 1 pincée de vanille moulue et 1 pincée de sel. Formez une boule de pâte. Placez 2 heures au réfrigérateur.
- Préparez le coulis de cassis : lavez et égrappez les cassis. Mettez les baies dans une casserole. Mouillez avec un peu d'eau (environ 15 cl). Couvrez et portez à ébullition. Laissez cuire sur feu moyen jusqu'à ce que tous les fruits aient éclaté et rendu leur jus. Passez le contenu de la casserole à la moulinette (grille fine). Filtrez le coulis obtenu à travers une passoire fine. Réservez.
- Préchauffez votre four à 200°C (thermostat 6/7).
- Étalez la pâte et garnissez-en 4 moules à tartelettes beurrés. Recouvrez-les de papier sulfurisé et de légumes secs. Faites-les cuire à blanc pendant 15 minutes.
- Dans une jatte, fouettez 4 œufs et 2 jaunes d'œuf avec 150 g de sucre. Mettez le coulis de cassis dans une casserole. Versez-y le contenu de la jatte. Mélangez bien et incorporez 25 cl de crème fleurette. Chauffez sur feu très doux jusqu'aux premiers frémissements.
- Transvasez le mélange dans les fonds de pâte. Faites cuire les tartelettes au four pendant 15 minutes. Laissez-les refroidir sur une grille. Réfrigérez 1 heure avant de déguster.

› CONSEIL

Ajustez la quantité de sucre nécessaire au coulis de cassis en fonction du degré de maturité des fruits. S'ils sont un peu acides, n'hésitez pas à sucrer davantage. Faites de même si vous préparez la tarte pour des enfants.

Dessalage : 20 minutes
Repos : 1 heure

Cuisson : 40 minutes

Réalisation : assez délicate

Coût : assez cher

Vin conseillé : un vin doux de Loire

Tarte *aux abricots*

Ingrédients (pour 4 personnes)

- 1 kg d'abricots bien mûrs
- le jus d'1 orange
- 80 g de poudre d'amande
- 205 g de beurre
- 3 jaunes d'œuf
- 150 g de farine
- 50 g de sucre
- 50 g de sucre glace
- 1 pincée de vanille en poudre
- 1 cuillère à café de levure chimique

› LA RECETTE

- Dans un bol, mettez 150 g de farine, 50 g de sucre glace, 1 pincée de vanille en poudre et 1 cuillère à café de levure chimique. Ajoutez 125 g de beurre froid coupé en petits morceaux et incorporez-le en «sablant» rapidement avec les bouts des doigts. Ajoutez 1 jaune d'œuf et 1 cuillère à café d'eau froide ou plus si nécessaire, en travaillant la préparation juste assez pour trouver la consistance d'une pâte à tarte. Enveloppez cette pâte dans un torchon propre et mettez-la au frais au moins 30 minutes.
- Préchauffez le four à 210°C (thermostat 7). Étalez la pâte, placez-la dans un moule à tarte et piquez-la avec une fourchette. Laissez-la reposez au frais 30 minutes. Recouvrez-la de papier sulfurisé et de légumes secs et faites-la précuire 10 minutes au four.
- Dans un bol, mélangez 80 g de beurre mou avec 50 g de sucre. Ajoutez le jus d'un orange, 2 jaunes d'œuf et la poudre d'amande. Rincez les abricots et coupez-les en quartiers.
- Tartinez le fond de tarte avec la crème d'amande, installez les quartiers d'abricots dessus, côte à côte, faites cuire la tarte 30 minutes au four.

› VARIANTE

Variez la pâte sablée en ajoutant de la cannelle à la place de la vanille ou un peu de jus de citron. De plus, cette base de pâte sablée et de crème d'amande à l'orange se prête à d'autres fruits d'été : des pêches mais aussi des figues, par exemple.

› CONSEIL

Pour que la tarte soit nappée et plus brillante, délayez de la confiture d'abricots avec de l'eau, chauffez-la et badigeonnez-en légèrement la tarte à sa sortie du four. Si vous préparez et étalez votre pâte à l'avance, gardez le fond de tarte au congélateur. Vous pourrez ainsi vous passer de papier sulfurisé et de légumes secs pour la cuisson à blanc en le mettant directement au four préchauffé car il gardera sa forme tout seul.

Préparation : 25 minutes
Réfrigération : 1 heure 30 | Cuisson : 25 minutes | Réalisation : assez délicate | Coût : bon marché | Boisson conseillée : un thé à la menthe

Tarte
aux agrumes

Ingrédients (pour 6 personnes)

- ✓ 4 pamplemousses roses
- ✓ 4 oranges
- ✓ 2 œufs
- ✓ 200 g de farine
- ✓ 200 g de beurre
- ✓ 100 g de poudre d'amandes
- ✓ 115 g de sucre
- ✓ 1 pincée de vanille en poudre
- ✓ sucre glace
- ✓ sel

› LA RECETTE

- Mélangez 200 g de farine, 15 g de sucre et 1 pincée de sel, puis incorporez 100 g de beurre en petits morceaux avec le bout des doigts. Ajoutez 1 œuf battu et 1 cuillerée à soupe d'eau froide et travaillez juste assez pour faire une pâte. Laissez reposer 1 heure au frais.
- Étalez la pâte et garnissez-en un moule à tarte de 22 cm de diamètre. Piquez la pâte pour éviter qu'elle gonfle pendant la cuisson. Laissez à nouveau reposer au frais 30 minutes.
- Préchauffez votre four à 180°C (thermostat 6). Couvrez la pâte à tarte d'une feuille d'aluminium et remplissez-la de haricots secs. Faites cuire la tarte à blanc pendant 10 minutes.
- Battez 100 g de beurre mou en pommade avec 100 g de sucre. Ajoutez 1 œuf, la poudre d'amandes et 1 pincée de vanille en poudre. Garnissez le fond de tarte de ce mélange et mettez au four pendant 15 minutes.
- Coupez les extrémités des pamplemousses et des oranges, puis à l'aide d'un petit couteau bien aiguisé, pelez les agrumes à vif. Éliminez toutes les parties blanches restantes. Prenez chaque fruit dans la paume de la main et, sans le presser, glissez la lame du couteau de part et d'autre des membranes pour en détacher les quartiers.
- Saupoudrez la tarte de sucre glace et disposez les quartiers d'agrumes en rosaces. Ne tardez pas pour servir.

› CONSEIL

Récupérez le jus des agrumes, sucrez-le selon votre goût, faites-le chauffer et ajoutez-lui 2 feuilles de gélatine, préalablement ramollies à l'eau froide. Utilisez cette improvisation de gelée pour napper la tarte et lui donner une belle brillance.

Parsemez la tarte d'écorces d'orange confite taillées en fine julienne.

Déposez de petits triangles tout le long de la bordure de pâte, en dépassant légèrement pour une présentation originale.

Préparation : 30 minutes
Réfrigération : 2 heures | Cuisson : 15 minutes | Réalisation : facile | Coût : assez cher | Vin conseillé : Banyuls

Tarte
aux figues fraîches

Ingrédients (pour 4 personnes)

- ✓ 10 figues fraîches
- ✓ 1 orange non traitée
- ✓ 1 citron non traité
- ✓ 3 œufs
- ✓ 290 g de farine
- ✓ 245 g de beurre
- ✓ 220 g de sucre glace
- ✓ 120 g de poudre d'amandes
- ✓ 40 g de cassonade
- ✓ 1 cuillère à café de levure chimique
- ✓ 2 gouttes d'extrait d'amande amère
- ✓ 1 pincée de sel

› LA RECETTE

- Dans un bol, râpez finement les zestes de l'orange et du citron. Ajoutez et mélangez 250 g de farine tamisée, 100 g de sucre glace tamisé, 1 pincée de sel et 1 cuillerée à café de levure chimique, puis creusez un puit au milieu.
- Coupez 125 g de beurre en petits morceaux et incorporez-le en l'écrasant rapidement dans le mélange du bout des doigts. Ajoutez 1 œuf et mélangez sans trop travailler. Formez une boule, couvrez et réfrigérez au moins 2 heures.
- Battez 120 g de beurre ramolli avec 120 g de sucre glace, 120 g de poudre d'amandes et 40 g de farine. Incorporez 2 œufs et parfumez avec 2 gouttes d'extrait d'amande amère.
- Préchauffez votre four à 180°C (thermostat 6). Étalez la pâte et détaillez-la en carrés de 10 à 12 cm de côté. Piquez-les régulièrement à la fourchette. Enfournez-les 5 minutes, puis laissez tiédir.
- Coupez les figues en lamelles dans la hauteur. Étalez une couche de crème à l'amande sur chaque carré, puis garnissez-les de lamelles de figues. Enfournez pour 5 à 10 minutes.
- Sortez les tartes du four. Éteignez-le et préchauffez le gril. Saupoudrez les tartes de 10 g de cassonade et passez-les 5 minutes sous le gril.

› VARIANTE

Faites réduire du Banyuls rouge en sirop épais avec un peu de sucre et de poivre noir, puis badigeonnez-en les figues avant d'enfourner les tartes. Dans ce cas, supprimez la cassonade.

› CONSEIL

La meilleure saison pour les figues va de la mi-juin à la mi-juillet, puis reprend en août jusqu'au début du mois de novembre. Le degré de maturité de la figue est indépendant de sa coloration. Seule sa souplesse au toucher peut vous indiquer qu'elle est mûre pour la dégustation. C'est un fruit très fragile qui ne se garde que quelques jours dans le bac à légumes du réfrigérateur.
Pour former un rebord de 1 cm tout autour des carrés de pâte, pincez les bordures entre vos doigts.

Préparation : 20 minutes | Réfrigération : 1 heure 30 | Cuisson : 25 minutes | Réalisation : facile | Coût : assez cher | Vin conseillé : un jeune Bourgueil

Tarte
aux myrtilles

Ingrédients (pour 6 personnes)

- 600 g de myrtilles
- 4 biscuits à la cuiller
- 200 g de farine
- 100 g de beurre
- 1 jaune d'œuf
- 60 g de sucre glace + décor
- 6 cuillères à soupe de sucre
- 10 cl de crème liquide
- 1 cuillère à soupe de jus de citron
- 2 pincées de vanille en poudre
- quelques feuilles de menthe
- 1 pincée de sel

› LA RECETTE

- Mélangez 200 g de farine avec 60 g de sucre glace, 1 pincée de sel et 1 pincée de vanille en poudre. Incorporez le beurre en petits morceaux et sablez-le rapidement avec le bout des doigts. Ajoutez le jaune d'œuf battu avec 1 cuillerée à soupe d'eau froide, en mélangeant juste assez pour former une pâte. Laissez reposer 1 heure au frais.
- Étalez la pâte et garnissez un moule à tarte de 22 cm de diamètre. Piquez la pâte pour éviter qu'elle ne gonfle pendant la cuisson. Laissez reposer au frais 30 minutes.
- Préchauffez votre four à 210°C (thermostat 7).
- Mélangez les myrtilles avec 1 cuillerée à soupe de jus de citron et 5 cuillerées à soupe de sucre. Écrasez les biscuits à la cuiller et tapissez-en le fond de la tarte pour absorber le surplus de jus. Déposez les myrtilles par-dessus en couche uniforme et enfournez pendant 25 minutes.
- Montez 10 cl de crème liquide froide en chantilly avec 1 cuillerée à soupe de sucre. Laissez la tarte refroidir avant de la servir. Saupoudrez-la de sucre glace, garnissez-la de crème Chantilly et décorez de quelques feuilles de menthe.

› CONSEIL

Remplacez un quart de la farine par de la poudre de noisette, les fines saveurs de ce fruit sec se mariant parfaitement avec les myrtilles. Pour confectionner la crème Chantilly, n'hésitez pas à utiliser de la crème fraîche additionnée de quelques gouttes de lait à la place de la crème liquide, sa légère acidité conviendra bien à ces fruits d'été. Achetez 200 g de myrtilles en plus et faites-les macérer dans 50 g de sucre. En fin de cuisson, étalez ce mélange sur le dessus de la tarte. Le contraste des fruits cuits et des fruits crus est inattendu et original.
Une pincette à cuisine, souvent utilisée pour enlever les arêtes des poissons, sera l'outil idéal pour décorer les bords de votre pâte à tarte.

Préparation : 40 minutes
Repos : 30 minutes

Cuisson : 50 minutes

Réalisation : facile

Coût : bon marché

Vin conseillé :
Muscat de Rivesaltes
ou de Frontignan

Tatin
aux noix

Ingrédients (pour 4 personnes)
- ✓ *6 poires*
- ✓ *10 cerneaux de noix concassés*
- ✓ *200 g de farine*
- ✓ *125 g de beurre*
- ✓ *125 g de sucre en morceaux*
- ✓ *le jus d'1 citron*

› LA RECETTE

- Dans une terrine, versez 200 g de farine et 1/2 cuillerée à café de sel. Ajoutez 125 g de beurre pas trop froid et coupé en petits morceaux. Mélangez le tout en ajoutant en deux fois la valeur d'un petit verre à moutarde d'eau. Pétrissez légèrement du bout des doigts pour obtenir une pâte souple, rassemblez en boule et laissez reposer 30 minutes.
- Dans un moule à manqué, imbibez 125 g de sucre en morceaux avec 1 à 2 cuillerées à soupe d'eau. Commencez la cuisson à feu doux jusqu'à ce que le sucre soit fondu. Dès que le caramel commence à blondir, stoppez la cuisson. Parsemez de cerneaux de noix concassés. Laissez refroidir.
- Préchauffez votre four à 210°C (thermostat 7).
- Pelez les poires puis enlevez les pépins et les fibres centrales. Coupez-les en quartiers, arrosez de jus de citron, égouttez. Disposez les quartiers de poire sur le caramel refroidi.
- Étalez la pâte en un disque d'un diamètre légèrement plus grand que le moule. Posez ce disque sur les poires et enfoncez le surplus contre les bords du moule. Enfournez pour 40 minutes jusqu'à ce que la pâte soit bien dorée. Démoulez quelques minutes après la sortie du four.

› CONSEIL

Choisissez vos poires, qui doivent être mûres à point, en fonction de la saison : des williams rouges très juteuses mais un peu douces, ou des conférences, plus acidulées, qui donneront de bons résultats à condition d'être bien mûres. Pour un dessert plus savoureux, saupoudrez les poires d'1 cuillerée à soupe de sucre et parsemez-les de quelques noisettes de beurre.

› TOUR DE MAIN

Dès que le caramel est blond, faites tourner le moule en tout sens pour qu'il nappe aussi les bords (munissez-vous de maniques). Les bords de la pâte seront ainsi bien caramélisés.

Préparation : 40 minutes
Repos : 30 minutes | Cuisson : 50 minutes | Réalisation : facile | Coût : assez cher | Vin conseillé : un vin jaune

Tarte
aux noix de pécan

Ingrédients (pour 4 personnes)
- 200 g de noix de pécan
- 4 œufs
- 180 g de farine
- 175 g de beurre
- 150 g de cassonade
- 100 g de sucre glace
- 20 cl de sirop de maïs doré ou brun
- 20 cl de crème liquide
- 1/2 cuillère à café d'extrait de vanille

› LA RECETTE

- Préparez la pâte en mélangeant 180 g de farine, 3/4 de cuillerée à café de sel et 75 g de beurre en parcelles en « sablant » rapidement avec le bout des doigts. Ajoutez 6 cl d'eau froide et formez une boule. Laissez reposer 30 minutes au frais.
- Étalez la pâte et foncez-en un moule à tarte. Concassez grossièrement 120 g de noix de pécan. Farinez légèrement le fond de la tarte et parsemez-le de noix de pécan concassées.
- Cassez 4 œufs dans un bol et battez-les. Ajoutez 150 g de cassonade et fouettez le mélange. Faites fondre 100 g de beurre et incorporez-le aux œufs avec 25 cl de sirop de maïs et 1/2 cuillerée à café d'extrait de vanille.
- Préchauffez votre four à 210°C (thermostat 7). Répartissez la préparation aux œufs sur le fond de tarte. Disposez 80 g de cerneaux de noix de pécan harmonieusement sur toute la surface de la tarte.
- Enfournez la tarte pendant 10 minutes, puis baissez la température du four à 150°C (thermostat 5) et laissez cuire encore 40 minutes. Fouettez 20 cl de crème liquide et 100 g de sucre glace pour accompagner la tarte.

› VARIANTE

Cette tarte très sucrée est couramment préparée dans tous les états du sud des États-Unis avec une base de beurre, d'œufs, de sucre et de sirop de maïs, à laquelle on peut substituer de la mélasse, du sirop d'érable et du miel liquide. Certains la parfument volontiers au Bourbon, d'autres y ajoutent des raisins secs ou du chocolat noir !

› CONSEIL

Quand vous foncez le moule à tarte avec la pâte, créez des jolis motifs en appuyant régulièrement sur les bordures du moule avec le bout des doigts.
Faites cuire la tarte dans un large moule pas trop profond : la garniture doit être assez mince sinon elle mettrait trop de temps à cuire. Les noix seraient alors brûlées en surface avant que la garniture ne soit complètement cuite.
Rien de tel qu'une belle boule de glace à la vanille et, pour les plus gourmands, un filet de sauce au chocolat fondu.

Préparation : 25 minutes
Repos : 1 heure 30

Cuisson : 25 minutes

Réalisation : facile

Coût : assez cher

Boisson conseillée : un thé à la menthe

Tarte *aux pignons*

Ingrédients (pour 6 personnes)

- 250 g de pignons de pin
- 3 œufs
- 250 g de beurre doux
- 200 g de farine
- 150 g de poudre d'amandes
- 165 g de sucre
- 1 pincée de vanille en poudre
- 1 pincée de sel

› LA RECETTE

- Mélangez 200 g de farine avec 15 g de sucre et 1 pincée de sel, puis incorporez 100 g de beurre en petits morceaux rapidement avec le bout des doigts. Ajoutez 1 œuf battu et 1 cuillerée à soupe d'eau froide et travaillez juste assez pour obtenir une boule de pâte. Laissez reposer 1 heure au frais.
- Étalez la pâte et garnissez-en un moule à tarte de 22 cm de diamètre. Piquez la pâte pour éviter qu'elle ne gonfle pendant la cuisson. Laissez reposer au frais 30 minutes.
- Préchauffez votre four à 180°C (thermostat 6).
- Couvrez la pâte à tarte de papier aluminium et remplissez-la de haricots secs. Faites précuire la tarte à blanc pendant 10 minutes.
- Amenez 150 g de beurre à température ambiante et travaillez-le avec 150 g de sucre. Ajoutez 2 œufs, 150 g de poudre d'amandes et 1 pincée de vanille en poudre. Ajoutez les pignons de pin. Garnissez le fond de tarte de cette préparation et mettez-la au four pendant 25 minutes.

› VARIANTE

En Provence, on badigeonne parfois le fond de pâte précuit de confiture de framboises (bannissez la gelée).

› CONSEIL

Pour enrichir le goût de cette tarte, remplacez jusqu'à 75 g de poudre d'amandes par de la poudre de pignons de pin, que vous obtiendrez en les mixant dans un moulin à café électrique. Pour éviter que l'huile rendue n'en fasse une pâte, ajoutez-leur avant de les moudre une partie du sucre de la recette.

Pour profiter de toute la richesse de la saveur des pignons de pins, faites-les griller avant de les incorporer dans la préparation aux amandes. Mettez-les dans une poêle et dorez-les à sec rapidement sur feu vif.

Cette tarte, jolie telle quelle, peut être décorée de sucre glace si vous la servez froide. Dans ce cas, amusez-vous à découper des pochoirs que vous placerez sur la tarte avant de la saupoudrer.

Préparation : 30 minutes Macération : 3 heures	Cuisson : 30 minutes	Réalisation : facile	Coût : assez cher	Vin conseillé : un Quincy

Tarte
aux pruneaux

Ingrédients (pour 4 à 6 personnes)
- ✓ 300 g de pâte feuilletée
- ✓ 500 g de pruneaux
- ✓ 25 cl de thé à la menthe
- ✓ 1 œuf + 2 jaunes
- ✓ 15 cl de crème fraîche
- ✓ 2 cuillères à soupe de cassonade

› LA RECETTE

- Mettez les pruneaux dans une jatte et arrosez-les de thé à la menthe. Laissez-les macérer jusqu'à ce qu'ils soient bien gonflés (3 heures au minimum).
- Égouttez les pruneaux et dénoyautez-les (réservez le jus de macération au frais).
- Préchauffez votre four à 210°C (thermostat 7).
- Sur le plan de travail fariné, étalez la pâte feuilletée en un large disque de 30 cm de diamètre. Posez-le sur une plaque à pizza ronde garnie de papier cuisson. Rabattez la pâte sur toute la bordure pour former un bourrelet. À l'aide d'une fourchette, piquez de toutes parts la pâte ainsi que la bordure.
- Dans un bol, fouettez 1 œuf entier et 1 jaune d'œuf. Ajoutez 15 cl de crème fraîche et 2 cuillerées à soupe de cassonade. Disposez les pruneaux sur le fond de pâte. Versez dessus le contenu du bol. Au pinceau, dorez la bordure au jaune d'œuf. Glissez la tarte dans le four. Faites-la cuire environ 30 minutes jusqu'à ce que la surface du flan soit joliment colorée. Servez-la tiède ou froide.

› CONSEIL

Pelez 4 oranges à vif. Arrosez-les avec le jus de macération bien froid. Servez cette salade fraîche dans des coupelles. Choisissez des pruneaux d'Agen de gros calibre, non dénoyautés. La « prune d'ente », variété aux beaux fruits violets, est à l'origine de ce fameux fruit sec, fleuron du Sud-ouest. Après récolte, les prunes sont séchées en étuve, puis réhydratées pour être consommées tout au long de l'année sous forme de pruneaux.

Préparez le thé à la menthe selon l'usage marocain : dans une théière, mettez 1 cuillerée à café de thé vert, 8 à 10 morceaux de sucre et 1 bouquet de menthe fraîche. Ajoutez de l'eau frémissante. Laissez infuser 5 minutes puis filtrez le thé et versez-le sur les pruneaux.

Préparation : 1 heure | *Cuisson : 45 minutes* | *Réalisation : facile* | *Coût : bon marché* | *Vin conseillé : Gewurztraminer ou eau-de-vie de poire*

Tarte
Belle-Hélène

Ingrédients (pour 6 à 8 personnes)

- ✓ *280 g de pâte brisée*
- ✓ *3 poires*
- ✓ *200 g de chocolat noir*
- ✓ *1 œuf + 2 jaunes*
- ✓ *210 g de sucre semoule*
- ✓ *25 cl de crème fraîche*
- ✓ *1/2 citron*
- ✓ *1/2 gousse de vanille*

› LA RECETTE

- Pelez les poires, coupez-les en quartiers puis en grosses lamelles. Dans une casserole, portez à ébullition 50 cl d'eau, 150 g de sucre semoule, le jus d'1/2 citron et 1/2 gousse de vanille. Introduisez les poires. Pochez-les 10 à 15 minutes à petits frémissements jusqu'à ce qu'elles soient tendres. Laissez-les refroidir dans le sirop.
- Préchauffez votre four à 180°C (thermostat 6).
- Étalez la pâte brisée dans un moule à tarte beurré. Recouvrez-la de papier aluminium et de légumes secs. Faites-la cuire au four pendant 15 minutes.
- Cassez le chocolat noir en petits morceaux et faites-le fondre au bain-marie. Dans une jatte, fouettez l'œuf entier et 2 jaunes, 60 g de sucre semoule et 25 cl de crème fraîche. Hors du feu, incorporez le contenu de la jatte au chocolat fondu. Mélangez jusqu'à obtenir une crème bien lisse.
- Garnissez le fond de pâte précuit de crème au chocolat. Égouttez les poires pochées et disposez-les sur la crème, en rosace. Glissez la tarte au four. Laissez cuire 25 minutes.
- Faites réduire le sirop des poires sur feu vif. Au bout de 25 minutes, retirez la tarte du four. À l'aide d'un pinceau, badigeonnez les poires et la pâte de sirop. Glissez la tarte au four et laissez-la dorer pendant 5 minutes. Posez-la sur une grille et laissez-la tiédir avant de servir.

› VARIANTE

Vous pouvez remplacer la vanille par 1 bâton de cannelle et le sucre semoule par de la cassonade, ce qui donnera un goût légèrement plus exotique à la tarte.

› CONSEIL

Servez chaque part de tarte avec une boule de glace à la vanille.
S'il vous reste du sirop, gardez-le au frais pour sucrer vos yaourts.
Choisissez de préférence des poires williams ou des comices. Écartez d'emblée les fruits trop mûrs, qui se déferaient à la cuisson. Procurez-vous une tablette de très bon chocolat, corsé et puissant (70 % de cacao).

Préparation : 30 minutes
Infusion : 1 heure

Cuisson : 1 heure

Réalisation : facile

Coût : bon marché

Vin conseillé : un vin blanc de Bourgogne

Tarte
crème de café

Ingrédients (pour 6 personnes)

- *300 g de pâte brisée*
- *75 g de café en grains*
- *8 jaunes d'œuf*
- *100 g de sucre en poudre*
- *25 cl de lait*
- *50 cl de crème fraîche liquide*
- *beurre*

› LA RECETTE

- Concassez grossièrement au robot les grains de café. Faites bouillir 25 cl de lait. Hors du feu, incorporez le café au lait et laissez infuser pendant 1 heure.
- Préchauffez votre four à 200°C (thermostat 6/7).
- Beurrez un moule à tarte. Étalez la pâte brisée et garnissez le moule. Recouvrez la pâte de papier sulfurisé et de poids ou de légumes secs. Faites cuire à blanc 10 minutes au four et laissez refroidir.
- Fouettez les jaunes d'œuf et 100 g de sucre jusqu'à ce que le mélange blanchisse. Ajoutez 50 cl de crème fraîche liquide.
- Filtrez le lait infusé au café et versez-le sur les œufs en fouettant doucement. Transvasez la préparation dans le fond de tarte et faites cuire 50 minutes au four à 180°C (thermostat 6) jusqu'à ce que la crème soit prise. Laissez refroidir.

› CONSEIL

Filtrez soigneusement le lait pour ne laisser passer aucun petit morceau de café, ce qui pourrait donner à la crème une amertume désagréable.
Pour donner une allure très raffinée à cette tarte, saupoudrez-la de sucre glace et décorez-la de feuilles de menthe et de grains de café.
En fonction de vos goûts, choisissez un café plutôt subtil composé de variétés d'arabica ou plus fort, avec une pointe d'amertume, à base de robusta.

› VARIANTE

Concassez un bâton de cannelle et faites-le infuser en remplacement du café pour obtenir une très originale tarte à la cannelle. Dans ce cas, vous pouvez également ajouter dans la crème quelques morceaux de pommes ou de poires revenus préalablement dans un peu de beurre et bien égouttés.

Préparation : 40 minutes	Cuisson : 35 minutes	Réalisation : facile	Coût : bon marché	Vin conseillé : Loupiac, Barsac ou Sauternes

Tarte
en flan de citron

Ingrédients (pour 4 à 6 personnes)

- ✓ 2 citrons non traités
- ✓ 4 jaunes d'œuf
- ✓ 200 g de farine
- ✓ 200 g de sucre semoule
- ✓ 100 g de beurre
- ✓ 60 g de Maïzena
- ✓ 30 cl de jus de citron
- ✓ 30 cl de vin blanc
- ✓ 2 grappes de groseilles
- ✓ sel, sucre glace

› LA RECETTE

- Dans une jatte, versez 200 g de farine et 1 pincée de sel. Ajoutez 100 g de beurre en petits morceaux. Mélangez du bout des doigts jusqu'à obtention d'une consistance sableuse. Incorporez 1 jaune d'œuf et 3 cuillerées à soupe d'eau. Formez une boule de pâte en pétrissant rapidement.
- Préchauffez votre four à 200°C (thermostat 6/7).
- Étalez la pâte dans un moule à tarte beurré et fariné. Recouvrez-la de papier d'aluminium et de légumes secs ou de billes de cuisson. Faites-la cuire au four. Au bout de 20 minutes, retirez le papier et les billes. Faites cuire encore 5 minutes. Laissez refroidir le fond de tarte sur une grille.
- Dans une casserole, portez à ébullition 30 cl de jus de citron, 200 g de sucre semoule et 10 cl de vin blanc. À part, fouettez 3 jaunes d'œuf et 20 cl de vin blanc en délayant peu à peu 60 g de Maïzena. Transvasez le mélange dans la casserole. Faites épaissir 5 minutes sur feu doux sans cesser de remuer au fouet. Retirez du feu et laissez tiédir.
- Étalez le flan au citron sur le fond de pâte. Parsemez la surface de la tarte avecle zeste d'1 citron râpé. Saupoudrez-la de 2 cuillerées à soupe de sucre glace tamisé à travers une passoire fine. Décorez avec 2 grappes de groseilles et de fines bandes cannelées de zestes de citron. Servez frais.

› VARIANTE

Idéal pour garnir des mini-tartelettes, le flan au citron peut aussi servir à fourrer des crêpes, un biscuit roulé ou des chaussons au citron. Étalé sur de petits rectangles de pâte feuilletée, il se transforme en délicieux millefeuille.

› CONSEIL

Utilisez les 3 blancs d'œuf pour faire une meringue : montez-les en neige ferme en incorporant 50 g de sucre glace à mi-parcours. À l'aide d'une poche à douille, déposez des festons de meringue sur le flan au citron. Passez la tarte quelques minutes sous le gril du four jusqu'à ce que la meringue soit dorée.

Préparation : 1 heure Repos : 2 heures 40	Cuisson : 25 minutes	Réalisation : très délicate	Coût : bon marché	Vin conseillé : Bellet

Tarte *tropézienne*

Ingrédients (pour 8 personnes)

- ✓ 350 g de farine fluide
- ✓ 145 g de sucre semoule
- ✓ 100 g de beurre mou + 15 g pour le moule
- ✓ 100 g de sucre en grains
- ✓ 1 œuf + 3 jaunes
- ✓ 60 cl de lait + 2 cuillères à soupe
- ✓ 10 g de levure de boulanger
- ✓ 2 cuillères à soupe de miel liquide
- ✓ 1 cuillère à café d'extrait de vanille liquide
- ✓ 1 cuillère à café de sel

› LA RECETTE

- Délayez la levure de boulanger dans 2 cuillerées à soupe de lait tiède. Incorporez-y 100 g de farine, formez une petite boule de levain. Laissez reposer et doubler de volume dans un endroit tiède (environ 20 minutes).
- Versez 200 g de farine dans une jatte. Creusez un puits, mettez-y l'œuf battu avec 1 cuillerée à café de sel, 20 g de sucre et 10 cl de lait. Incorporez peu à peu la farine au contenu du puits jusqu'à obtention d'une pâte homogène. Pétrissez-la 10 minutes. Ajoutez 100 g de beurre en parcelles puis incorporez le levain en pétrissant énergiquement. Laissez lever 2 heures au tiède.
- Entre-temps, préparez la crème pâtissière. Faites chauffer 50 cl de lait avec l'extrait de vanille. Dans une jatte, fouettez 3 jaunes d'œuf avec 125 g de sucre semoule puis 50 g de farine. Versez dessus le lait bouillant. Transvasez le mélange dans la casserole et laissez épaissir 5 minutes sur feu doux. Retirez du feu et laissez refroidir.
- Étalez la pâte sur une épaisseur de 3 cm. Garnissez-en un moule à tarte beurré. Laissez-la reposer et gonfler pendant 20 minutes.
- Préchauffez votre four à 200°C (thermostat 6/7).
- Faites cuire la tarte pendant 25 minutes jusqu'à ce qu'elle soit dorée. Retirez-la du four. Au pinceau, badigeonnez la surface de miel. Parsemez de 100 g de sucre en grains et laissez refroidir.
- Coupez la tarte en deux dans l'épaisseur. Garnissez-la de crème pâtissière et couvrez-la de la partie semée de sucre en grains.

› CONSEIL

Le sucre en grains est le même que celui qui sert à garnir les chouquettes. Assez difficile à trouver dans le commerce, il est bien connu de votre boulanger-pâtissier qui acceptera sûrement de vous en vendre un peu !

Achetez des petites brioches au sucre et garnissez-les de crème pâtissière !

Préparation : 1 heure | *Cuisson : 45 minutes* | *Réalisation : assez délicate* | *Coût : assez cher* | *Vin conseillé : un Gewurztraminer*

Tartelettes *quetsches*

Ingrédients (pour 4 personnes)

- ✓ *700 g de quetsches*
- ✓ *150 g de farine*
- ✓ *75 g de beurre + 15 g pour les moules*
- ✓ *50 g de sucre semoule*
- ✓ *1 jaune d'œuf*
- ✓ *25 g d'amandes effilées*
- ✓ *8 cuillères à café d'amandes en poudre*
- ✓ *1 bâton de cannelle*

› LA RECETTE

- Dans une jatte, mettez 150 g de farine, 1 pincée de sel et 75 g de beurre en petits morceaux. Mélangez du bout des doigts jusqu'à obtention d'une consistance sableuse. Incorporez le jaune d'œuf et 2 cuillerées à soupe d'eau. Formez une boule de pâte. Laissez-la reposer au frais, le temps de préparer la compote.
- Lavez, essuyez et dénoyautez les quetsches. Mettez-en 400 g dans une casserole avec 50 g de sucre semoule, le bâton de cannelle et 5 cl d'eau. Couvrez et laissez cuire sur feu doux jusqu'à obtention d'une compote (20 à 25 minutes). Laissez tiédir.
- Préchauffez votre four à 200°C (thermostat 6/7).
- Étalez la pâte et garnissez-en 4 moules à tartelettes beurrés. Saupoudrez les fonds de tarte d'amandes en poudre. Coupez les quetsches en quartiers et disposez-les en étoile sur la pâte. Glissez les tartelettes dans le four. Laissez-les cuire 20 à 25 minutes jusqu'à ce qu'elles soient dorées.
- Entre-temps, passez la compote au moulin à légumes pour supprimer les peaux. Filtrez-la à travers une passoire pour obtenir un coulis bien lisse. Faites-le réchauffer sur feu doux en remuant. Faites dorer 25 g d'amandes effilées quelques minutes dans une poêle antiadhésive.
- À leur sortie du four, nappez chaque tartelette d'un peu de coulis. Parsemez-les d'amandes effilées. Servez-les aussitôt, en présentant à part le restant du coulis.

› CONSEIL

La pâte brisée et la compote peuvent se préparer à l'avance. Si le coulis semble épais, n'hésitez pas à le détendre avec un peu d'eau. Servi tiède ou froid, il est tout aussi délicieux. Vous pouvez également jouer les contrastes et servir les tartelettes tièdes ou froides avec le coulis chaud.
Hors saison, les quetsches surgelées donnent d'excellents résultats.
Une boule de glace à la vanille ou, suprême raffinement, de glace à la cannelle !

Préparation : 20 minutes | *Cuisson : 25 minutes* | *Réalisation : facile* | *Coût : bon marché* | *Vin conseillé : Clairette-de-Die ou un Touraine rosé mousseux*

Tarte
aux fraises

Ingrédients (pour 4 à 6 personnes)
- ✓ *800 g de fraises*
- ✓ *280 g de pâte feuilletée*
- ✓ *150 g de gelée de groseilles*
- ✓ *1 jaune d'œuf*
- ✓ *1 cuillère à soupe de liqueur de fraises des bois*
- ✓ *1 brin de menthe*

› LA RECETTE

- Préchauffez votre four à 210°C (thermostat 7).
- Étalez la pâte feuilletée sur le plan de travail fariné. Garnissez-en un moule à tarte beurré. À l'aide d'un couteau, faites des incisions en croix tout au long de la bordure. Dorez au jaune d'œuf avec un pinceau.
- Recouvrez la pâte de papier d'aluminium et de billes de cuisson. Glissez-la dans le four. Au bout de 15 minutes, supprimez le papier d'aluminium et les billes. Poursuivez la cuisson 5 minutes. Retirez du four et laissez refroidir sur une grille.
- Mettez les fraises dans une passoire et rincez-les rapidement sous l'eau. Équeutez-les et coupez-les en deux. Démoulez le fond de pâte, posez-le sur un plat.
- Disposez les demi-fraises en rosace sur le fond de tarte, bien serrées les unes contre les autres. Dans une petite casserole, faites chauffer 150 g de gelée de groseilles et 5 cl d'eau en mélangeant doucement, jusqu'à obtention d'un sirop épais. Laissez-le tiédir puis parfumez-le avec 1 cuillerée à soupe de liqueur de fraises des bois.
- À l'aide d'une cuillère, nappez les fraises de sirop en le répartissant régulièrement. Décorez le centre de la tarte d'un brin de menthe. Servez aussitôt.

› VARIANTE

Vous pouvez remplacer la gelée de groseilles par de la gelée de framboises et la liqueur de fraises des bois par de l'eau de fleur d'oranger, car cette dernière met bien en valeur l'arôme des fraises.

› TOUR DE MAIN

Pour la cuisson à blanc de la pâte, utilisez des billes de cuisson en céramique ou remplissez le fond de tarte de haricots secs. Dans ce cas, soyez généreux sur la quantité de légumes secs car leur poids doit empêcher la pâte de gonfler.

Préparation : 30 minutes Réfrigération : 1 heure	Cuisson : 30 minutes Macération : 30 minutes	Réalisation : facile	Coût : assez cher	Vin conseillé : Gewurztraminer

Tarte aux prunes
et aux épices

Ingrédients (pour 6 personnes)

- ✓ *16 prunes*
- ✓ *1 citron non traité*
- ✓ *60 g de poudre d'amandes*
- ✓ *2 œufs*
- ✓ *160 g de beurre*
- ✓ *60 cl de vin*
- ✓ *220 g de farine*
- ✓ *120 g de sucre glace*
- ✓ *75 g de sucre en poudre*
- ✓ *2 cuillères à soupe de gelée de groseille*
- ✓ *bâton de cannelle, vanille en poudre*
- ✓ *sel, poivre en grains*

› LA RECETTE

- Pour la pâte, râpez finement le zeste du citron dans un bol. Ajoutez et mélangez 200 g de farine tamisée, 60 g de sucre glace tamisé, 1 pincée de sel et 1 de vanille en poudre, puis creusez un puits au milieu.
- Coupez 100 g de beurre en petits morceaux et incorporez-le en l'écrasant rapidement dans le mélange du bout des doigts. Ajoutez 1 œuf et mélangez sans trop travailler. Formez une boule, couvrez et réfrigérez pendant 1 heure.
- Pendant ce temps, coupez 16 prunes en deux pour enlever les noyaux et coupez la chair en quartiers. Versez 60 cl de vin rouge dans une casserole avec 75 g de sucre, 1 bâton de cannelle et 3 grains de poivre. Faites bouillir juste le temps de faire fondre le sucre.
- Versez ce sirop chaud sur les quartiers de prunes. Laissez macérer au moins 30 minutes. Entre-temps, battez 60 g de beurre mou avec 60 g de sucre glace, 60 g de poudre d'amandes et 20 g de farine. Incorporez 1 œuf.
- Préchauffez votre four à 180°C (thermostat 6). Étalez la pâte et garnissez-en un moule à tarte. Piquez-la régulièrement à la fourchette. Enfournez-la pour 15 minutes, puis laissez tiédir.
- Égouttez les prunes en réservant le sirop au vin. Étalez une couche de crème d'amandes sur le fond de tarte. Garnissez de prunes. Enfournez-la de nouveau environ 10 à 15 minutes. Pendant ce temps, faites réduire le sirop de deux tiers.
- Filtrez le sirop réduit et ajoutez 2 cuillerées à soupe de gelée de groseille. Une fois la tarte cuite, badigeonnez-la de préparation à la gelée de groseille.

› VARIANTE

La plus remarquable des nuances pour cette recette consiste à changer les épices dans le vin : essayez le gingembre frais ou la cardamome, par exemple, ou un mélange d'épices comme pour le vin chaud (cannelle, badiane, etc.). Mais vous pouvez également remplacer les prunes par des figues fraîches.

› CONSEIL

Pensez à sortir le beurre pour la crème d'amandes une demi-heure à l'avance.

Préparation : 40 minutes Macération : 1 heure	Cuisson : 30 minutes	Réalisation : facile	Coût : assez cher	Vin conseillé : un Créman de Loire ou un Cointreau

Tartelettes *oranges-noisettes*

Ingrédients (pour 4 personnes)

- 240 g de pâte brisée
- 60 g de noisettes en poudre
- 50 g d'écorce d'orange confite
- 2 cuillères à soupe de Cointreau
- 1 orange
- 50 g de beurre mou + beurre pour les moules
- 60 g de sucre glace
- 1 œuf + 3 blancs
- 1 cuillère à soupe de Maïzena
- 100 g de sucre semoule

Pour la finition :

- 15 g d'écorce d'orange confite
- 20 g d'amandes effilées

› LA RECETTE

- Taillez 50 g d'écorce d'orange confite en petits dés. Laissez-les macérer pendant 1 heure dans 2 cuillerées à soupe de Cointreau.
- Dans une jatte, travaillez 50 g de beurre mou en pommade. Râpez finement le zeste d'une orange. Incorporez-le au beurre. Ajoutez les noisettes en poudre, 60 g de sucre glace, 1 œuf et 1 cuillerée à soupe rase de Maïzena. Mélangez bien. Incorporez les dés d'écorce d'orange confite et le Cointreau.
- Préchauffez votre four à 200°C (thermostat 6/7).
- Étalez la pâte et garnissez 4 moules à tartelettes beurrés. Versez la préparation à l'orange et aux noisettes. Glissez les tartelettes au four. Faites-les cuire pendant 25 minutes puis laissez-les refroidir sur une grille.
- Montez 3 blancs d'œuf en neige ferme. À mi-parcours, incorporez 100 g de sucre. Étalez la meringue en couche épaisse à la surface des tartelettes. Ajoutez 15 g de petits dés d'écorce d'orange. Parsemez d'amandes effilées.
- Passez les tartelettes quelques instants sous le gril du four pour les faire dorer.

› CONSEIL

À défaut de noisettes en poudre, broyez au mixeur 60 g de noisettes décortiquées. Pour gagner du temps (ou si vous ne possédez pas de moules à tartelettes) faites cuire une seule grande tarte de 20 centimètres de diamètre.
Pour trouver de beaux fruits confits, adressez-vous de préférence à un pâtissier-confiseur. Achetez l'écorce d'orange confite entière ou en lamelles. En période de fête, procurez-vous des orangettes (lamelles confites enrobées de chocolat). Elles donneront un « plus » gourmand à vos tartelettes !

› TOUR DE MAIN

S'il vous reste de l'écorce d'orange confite, ne la laissez pas sécher ! Taillez-la en petits dés et mettez-les à macérer dans un bocal hermétique avec un peu de Cointreau ou un autre alcool à base d'orange.

Préparation : 30 minutes | Cuisson : 30 minutes | Réalisation : facile | Coût : bon marché | Vin conseillé : Champagne frais bien sec

Tarte
au massepain

Ingrédients (pour 4 personnes)

- ✓ 350 g d'amandes mondées
- ✓ 100 g de génoise
- ✓ 3 œufs + 3 blancs
- ✓ 700 g de sucre semoule
- ✓ 220 g de beurre
- ✓ 120 g de farine
- ✓ 1 citron non traité
- ✓ 1 gousse de vanille

› LA RECETTE

- Prélevez le zeste fin du citron après l'avoir lavé et râpez-le. Fendez la gousse de vanille en deux et prélevez toutes les petites graines.
- Dans une jatte, pétrissez à la main 200 g de sucre avec 200 g de beurre en morceaux. Toujours à la main, incorporez 2 œufs entiers et 1 jaune d'œuf, la moitié du zeste de citron râpé, la moitié des graines de vanille et 100 g de farine. Mélangez énergiquement la pâte et formez une boule.
- Beurrez et farinez une tourtière. Abaissez la pâte avec un rouleau à pâtisserie jusqu'à une épaisseur de 4 mm. Installez-la dans le moule et roulez la bordure avec un doigt en appuyant pour marquer des festons.
- Dans le bol d'un robot, mettez 300 g d'amandes mondées, 500 g de sucre semoule, le reste de zeste râpé et de graines de vanille. Mixez jusqu'à obtention d'une poudre bien fine, puis ajoutez 4 blancs d'œuf. Mixez de nouveau.
- Coupez la génoise en fines tranches et émiettez-les au-dessus du bol du robot. Mixez une dernière fois jusqu'à obtention d'une farce lisse. Préchauffez votre four à 180°C (thermostat 6).
- Remplissez le fond de tarte de farce au massepain et répartissez-la régulièrement. Décorez, à intervalles réguliers, d'amandes réservées. Enfournez 30 minutes. Démoulez la tarte et laissez-la refroidir sur une grille avant de déguster.

› VARIANTE

À défaut de génoise, utilisez du biscuit de Savoie ou, plus simple encore, des biscuits secs soigneusement écrasés au rouleau à pâtisserie.

› TOUR DE MAIN

Farinez vos mains et le plan de travail avant d'y abaisser la pâte.

Préparation : 20 minutes	Cuisson : 20 minutes	Réalisation : assez délicate	Coût : assez cher	Vin conseillé : un Muscat de-Beaumes-de-Venise

Tarte fine
au melon

Ingrédients (pour 4 personnes)

- ✓ 2 melons charentais
- ✓ 400 g de pâte sablée sucrée
- ✓ 2 œufs + 4 jaunes
- ✓ 275 g de sucre
- ✓ 50 g de farine
- ✓ 20 g de fécule de maïs
- ✓ 50 cl de lait entier
- ✓ 1 gousse de vanille
- ✓ 2 feuilles de gélatine
- ✓ 12,5 cl de crème liquide
- ✓ 15 cl de muscat
- ✓ 3 cuillères à soupe de sirop de grenadine
- ✓ sucre glace, beurre
- ✓ feuilles de menthe fraîche

› LA RECETTE

- Préchauffez votre four à 200°C (thermostat 6/7). Étalez la pâte sablée en une abaisse un peu épaisse. À l'aide d'un emporte-pièce de 8 cm, découpez 8 disques. Faites-les cuire au four environ 10 minutes.
- Faites tremper les 2 feuilles de gélatine dans de l'eau froide. Portez à ébullition 50 cl de lait avec la gousse de vanille fendue en deux dans la longueur. Battez 2 œufs entiers et 4 jaunes avec 125 g de sucre. Ajoutez 50 g de farine tamisée et 20 g de fécule de maïs.
- Tout en fouettant, versez peu à peu le lait bouillant sur les œufs (sans la gousse de vanille). Transvasez le mélange dans la casserole et faites cuire 5 minutes en remuant jusqu'à épaississement. Hors du feu, ajoutez la gélatine essorée et 5 cl de muscat dans la crème. Laissez refroidir.
- Dans un poêlon, mélangez 150 g de sucre et 20 cl d'eau. Faites cuire 2 à 3 minutes pour obtenir un sirop sans coloration. Réservez. Dans les melons, dégagez 32 billes à l'aide d'une petite cuillère parisienne. Mixez en coulis le reste de la chair des fruits avec 3 cl de sirop de sucre et 3 cuillerées à soupe de sirop de grenadine. Réservez.
- Montez 12,5 cl de crème liquide en chantilly. Mélangez-la délicatement à la crème au muscat refroidie. Poêlez les billes de melon dans 10 g de beurre. Ajoutez 7 cuillerées à soupe de sirop de sucre et 10 cl de muscat. Faites cuire 1 ou 2 minutes et égouttez.
- Dans les assiettes, dressez un disque de pâte sablée. Garnissez de crème au muscat et de billes de melon. Recouvrez des disques restants et saupoudrez de sucre glace tamisé. Décorez de coulis et de feuilles de menthe.

› CONSEIL

Au four, ne laissez pas trop colorer les disques de pâte sablée. Trop cuite, cette pâte devient en effet dure et peu savoureuse. Le sirop de sucre peut être remplacé par du sirop de canne tout prêt.

Préparation : 30 minutes
Réfrigération : 1 heure
Cuisson : 1 heure
Réalisation : assez délicate
Coût : bon marché
Boisson conseillée : thé ou café

Tourte aux pommes et mûres

Ingrédients (pour 4 personnes)

- ✓ *1,5 kg de pommes à cuire*
- ✓ *350 g de mûres*
- ✓ *500 g de farine avec levure*
- ✓ *280 g de beurre*
- ✓ *275 g de sucre*
- ✓ *2 œufs*

› LA RECETTE

- Préparez la pâte en sablant du bout des doigts 280 g de beurre coupé en petites parcelles, 500 g de farine à levure et 1 belle pincée de sel. Battez 2 œufs avec 50 g de sucre. Ajoutez les œufs battus au sable en amalgamant juste assez pour obtenir une boule de pâte homogène. Réservez au frais pendant 1 heure.
- Pelez les pommes, coupez-les en gros quartiers et supprimez les trognons. Mélangez-les aux mûres. Garnissez un moule à terrine avec les fruits et poudrez-les de 225 g de sucre. Complétez d'eau jusqu'au quart du plat.
- Préchauffez votre four à 190°C (thermostat 6/7).
- Étalez la pâte assez épaisse (7 à 8 mm). Mouillez les bords de la terrine et recouvrez avec l'abaisse de pâte. Dentelez tout le pourtour de la pâte à l'aide d'un couteau. Percez une cheminée au centre.
- Enfournez la tourte pour 45 minutes à 1 heure. Servez chaud.

› CONSEIL

Achetez de la farine avec levure incorporée, la dose de levure est idéale dans ce produit pour cette recette. Les pommes doivent être des pommes à cuire un peu acides (à défaut, golden ou granny smith).
Pour « finir » votre tourte et lui donner un petit air joliment glacé, badigeonnez la surface de lait à la sortie du four et poudrez de sucre en poudre. Remettez 5 minutes au four pour glacer.

› TOUR DE MAIN

Couvrir la tourtière de pâte n'est pas une opération difficile, mais cela demande un certain tour de main et doit être exécuté d'un seul coup. Enroulez la pâte autour du rouleau à pâtisserie et passez en déroulant rapidement sur le plat afin qu'elle soit bien tendue.

Les pâtisseries

Préparation : 30 minutes | *Cuisson : 50 minutes* | *Réalisation : assez délicate* | *Coût : bon marché* | *Vin conseillé : un Gewurztraminer vendanges tardives*

Paris-Brest

Ingrédients (pour 6 personnes)

Pour la pâte à choux :

- *125 g de farine*
- *3 œufs*
- *60 g de beurre*
- *1 cuillère à café de sucre semoule*
- *1 pincée de sel*

Pour la crème :

- *3 œufs*
- *1 blanc d'œuf*
- *200 g de sucre semoule*
- *180 g de beurre*
- *200 g de pralin*

› LA RECETTE

- Préchauffez votre four à 200°C (thermostat 6/7). Tamisez 125 g de farine. Sortez du réfrigérateur 180 g de beurre pour la crème pralinée.
- Préparez la pâte à choux. Dans une casserole, faites bouillir 20 cl d'eau avec 60 g de beurre coupé en morceaux, 1 cuillerée à café de sucre et 1 pincée de sel. Hors du feu, versez la farine tamisée d'un coup. Remuez vivement pour obtenir une boule. Faites dessécher quelques secondes en remuant toujours très énergiquement sur feu vif. Retirez du feu. Incorporez un à un 3 œufs à la pâte.
- Beurrez une plaque à pâtisserie. Mettez la pâte à choux dans une poche à douille. Dressez une couronne festonnée de pâte sur la plaque. Enfournez pour 30 minutes. Entrouvrez la porte du four pour faire tiédir la couronne, puis sortez-la et laissez-la refroidir entièrement.
- Séparez les blancs des jaunes des 3 œufs de la crème. Mettez 4 blancs d'œuf et 200 g de sucre semoule dans une jatte. Placez la jatte au bain-marie et battez en neige jusqu'à obtention d'une meringue ferme et brillante. Laissez refroidir.
- Préparez la crème pralinée. Battez le beurre mou en pommade avec les 3 jaunes d'œuf et le pralin. Incorporez très délicatement la meringue froide à la préparation.
- Coupez en deux la couronne de pâte dans l'épaisseur. Garnissez une poche à douille cannelée de crème et répartissez-la en dessinant des festons sur la couronne. Posez le couvercle dessus et poudrez de sucre glace.

› VARIANTE

C'est un pâtissier d'Île-de-France qui inventa cette recette en l'honneur de la course née en 1891. Il donna au Paris-Brest son nom et... sa forme de roue de bicyclette !

› TOUR DE MAIN

La poche à douille permet de contrôler le débit de pâte ou de crème déposée. N'hésitez pas à vous en procurer une.

Préparation : 20 minutes | *Cuisson : 45 minutes* | *Réalisation : assez délicate* | *Coût : bon marché* | *Vin conseillé : un vin blanc de Savoie un peu fruité*

Biscuit de Savoie

Ingrédients (pour 8 personnes)

- *150 g de sucre en poudre*
- *6 œufs*
- *50 g de fécule de pomme de terre ou de Maïzena*
- *50 g de farine*
- *1 citron non traité*
- *beurre*
- *2 pincées de sel*

› LA RECETTE

- Préchauffez votre four à 180°C (thermostat 6).
- Séparez les blancs des jaunes d'œuf. Mettez les 6 blancs d'œuf dans une jatte. Fouettez les 6 jaunes avec 150 g de sucre en poudre et une pincée de sel jusqu'à ce que le mélange blanchisse et mousse.
- Brossez le citron sous l'eau tiède et séchez-le. Avec une petite râpe, prélevez le zeste de la moitié du citron. Incorporez le zeste aux jaunes d'œuf, puis ajoutez 50 g farine et 50 g de fécule de pomme de terre à travers un tamis. Mélangez délicatement.
- Battez les blancs en neige très ferme avec 1 pincée de sel. Incorporez doucement 2 cuillerées à soupe de blancs en neige à la pâte.
- Versez le reste des blancs en neige dans la pâte et mélangez très délicatement.
- Beurrez et farinez un moule. Versez la pâte dans le moule et faites cuire 45 minutes. Démoulez le biscuit dès la sortie du four et laissez refroidir.

› CONSEIL

Vers la fin de la cuisson, piquez une grande aiguille dans le gâteau jusqu'au cœur. Ne sortez pas le biscuit de Savoie du four tant qu'elle ne ressort pas parfaitement sèche.
Ce gâteau accompagne à merveille salades de fruits, compotes et coulis. Pour les enfants, vous pouvez le fourrer de confiture. Vous pouvez utiliser le biscuit de Savoie comme une génoise. Il est encore plus léger et aérien et mettra en valeur vos préparations à base de fruits frais ou de beurre.

› TOUR DE MAIN

Faites glisser d'un bloc toute la masse de blancs montés en neige dans la pâte à biscuit. Le biscuit de Savoie ne sera réussi que si les blancs ne sont pas «cassés». Mélangez donc très délicatement en soulevant la pâte.

Préparation : 40 minutes | Cuisson : 35 minutes | Réalisation : asez délicate | Coût : bon marché | Vin conseillé : Crémant d'Alsace ou de Bourgogne

Galette
à l'orange

Ingrédients (pour 8 personnes)

- *400 g de pâte feuilletée*
- *2 œufs + 1 jaune*
- *60 g d'amandes en poudre*
- *60 g de sucre glace*
- *60 g de beurre mou*
- *25 g de cassonade*
- *12,5 cl de lait*
- *le zeste d'1/2 orange*
- *1 cuillère à soupe de fécule de pomme de terre*
- *quelques gouttes d'essence d'orange*

› LA RECETTE

- Préparez la crème pâtissière : faites chauffer 12,5 cl de lait dans une petite casserole. Dans une jatte, fouettez 1 jaune d'œuf avec 25 g de cassonade et 1 cuillerée à soupe rase de fécule. Versez le lait bouillant dans le mélange. Transvasez la préparation dans la casserole. Faites cuire 3 minutes sur feu doux en remuant. Laissez refroidir.
- Préparez la frangipane : mélangez 60 g d'amandes en poudre et 60 g de sucre glace. Incorporez 60 g de beurre très mou peu à peu. Ajoutez 1 œuf et mélangez soigneusement. Parfumez avec quelques gouttes d'essence d'orange.
- Incorporez la frangipane à la crème pâtissière refroidie. Parfumez avec le zeste râpé d'1/2 orange.
- Préchauffez votre four à 210°C (thermostat 7).
- Partagez la pâte feuilletée en deux. Étalez-la finement en 2 larges disques. Placez l'un d'eux sur une plaque à four légèrement humide. Garnissez-le de crème à l'orange répartie en couche régulière jusqu'à 1 cm du bord. Glissez la fève dans la crème.
- Au pinceau, badigeonnez le bord non garni à l'œuf battu. Posez le second disque de pâte sur le premier. Formez un bourrelet pour souder les bords.
- Badigeonnez la surface de la galette à l'œuf battu. Au couteau, incisez la pâte de stries décoratives. Glissez la galette dans le four. Laissez-la cuire environ 35 minutes jusqu'à ce qu'elle soit bien dorée. Servez chaud ou tiède.

› CONSEIL

Doublez les proportions de crème pâtissière et de frangipane et préparez suffisamment de crème à l'orange pour fourrer 2 galettes. Si vous n'en avez pas l'usage tout de suite, congelez la moitié de la crème.

› TOUR DE MAIN

Incisez la pâte en partant du centre de la galette. Selon votre inspiration, tracez des rayons ou dessinez des feuilles.

Préparation : 30 minutes
Repos : 3 heures 30 | *Cuisson : 25 minutes* | *Réalisation : assez délicate* | *Coût : bon marché* | *Vin conseillé : Calvados*

Feuilletés aux pommes pochées *au cidre*

Ingrédients (pour 4 personnes)

- ✓ *4 pommes*
- ✓ *125 g de pâte feuilletée*
- ✓ *20 cl de crème fraîche*
- ✓ *50 g de miel*
- ✓ *75 g de sucre*
- ✓ *30 g de sucre glace*
- ✓ *50 cl de cidre*
- ✓ *4 cl de Calvados*
- ✓ *le jus d'1/2 citron*
- ✓ *1 feuille de gélatine*

› LA RECETTE

- Dans une casserole, versez 30 cl de cidre, 50 g de miel, 75 g de sucre et le jus d'1/2 citron. Amenez à ébullition et réservez. Coupez 4 pommes en deux et prélevez des boules à l'aide d'une cuillère parisienne. Plongez-les dans le sirop de cidre bouillant et faites-les cuire 5 minutes sur feu moyen. Retirez la casserole du feu, couvrez et laissez refroidir les pommes dans le sirop au moins 3 heures.
- Pendant ce temps, étalez la pâte feuilletée en une couche aussi fine que possible. Posez-la sur une plaque et piquez-la partout à l'aide d'une fourchette. Laissez-la reposer au moins 30 minutes au réfrigérateur. Préchauffez votre four à 210°C (thermostat 7).
- Saupoudrez la pâte feuilletée généreusement de 30 g de sucre glace. À l'aide d'un emporte-pièce de 10 cm de diamètre, découpez 8 cercles. Posez dessus une grille de la taille de la plaque pour éviter que la pâte gonfle pendant la cuisson. Enfournez la pâte et faites-la cuire 20 à 25 minutes. À mi-cuisson, retirez la grille.
- Égouttez les boules de pommes. Faites réduire le sirop à feu vif jusqu'à ce qu'il caramélise. Ajoutez aussitôt 20 cl de cidre. Remuez au fouet sur feu moyen jusqu'à complète dissolution du caramel. Réservez.
- Faites tremper 1 feuille de gélatine pendant 5 minutes. Faites tiédir 4 cl de Calvados. Égouttez la feuille de gélatine et incorporez-la au Calvados. Laissez refroidir. Fouettez ensemble 20 cl de crème fraîche et 30 g de sucre glace. Incorporez-la doucement au Calvados dès qu'il commence à prendre.
- Posez au centre d'une assiette un cercle de feuilletage. Dressez par-dessus des boules de pommes pochées au cidre. Garnissez de crème fouetté au Calvados à l'aide d'une poche à douille. Terminez avec un autre cercle de pâte. Saupoudrez de sucre glace et entourez d'un cordon de sauce au cidre.

› CONSEIL

Retournez la pâte feuilletée vers la fin de la cuisson et saupoudrez l'autre côté de sucre glace pour caraméliser les deux faces.

Préparation : 45 minutes | Cuisson : 2 heures 30 | Réalisation : facile | Coût : assez cher | Boisson conseillée : du thé vert

Financiers
aux cerises

Ingrédients (pour 4 personnes)

- 300 g de cerises
- 3 pommes
- 40 g de gingembre frais
- 4 blancs d'œuf
- 75 cl de vin rouge
- 450 g de sucre
- 150 g de sucre glace
- 120 g de crème fraîche
- 90 g de poudre d'amandes
- farine, beurre
- bâton de cannelle, clous de girofle
- étoile de badiane, gousse de vanille

› LA RECETTE

- Préchauffez votre four à 180°C (thermostat 6). Battez légèrement 4 blancs d'œuf. Ajoutez 150 g de sucre glace, 50 g de farine, 90 g de poudre d'amandes et 1 pincée de sel. Faites fondre 125 g de beurre et incorporez-le à la pâte. Beurrez 4 petits moules ronds, remplissez-les aux 3/4 et faites cuire 20 à 25 minutes.
- Portez à ébullition 100 g de sucre, 10 cl d'eau, 1 bâton de cannelle et 20 g de gingembre frais en morceaux. Couvrez et laissez infuser 10 minutes hors feu. Coupez 2 pommes en quatre et éliminez cœurs et trognons. Arrosez-les de sirop et enfournez 20 minutes. Laissez refroidir.
- Baissez la température du four à 120°C (thermostat 4). Épluchez 1 pomme et coupez-la, entière, en tranches. Posez les tranches sur une plaque tapissée de papier de cuisson et badigeonnez-les de sirop. Enfournez-les 1h30, en les retournant 1 fois. Décollez-les encore chaudes.
- Dénoyautez les cerises (réservez-en 8). Cassez et écrasez quelques noyaux et enveloppez-les dans une mousseline. Portez à ébullition 75 cl de vin rouge avec 350 g de sucre, 1 bâton de cannelle, 2 clous de girofle, 1 étoile de badiane, 1 gousse de vanille fendue, 20 g de gingembre frais en morceaux et les noyaux.
- Laissez réduire de moitié sur feu doux. Filtrez et faites pocher les cerises 5 minutes. Retirez les fruits, réduisez de nouveau le jus de moitié, remettez les cerises et laissez macérer hors du feu.
- Écrasez la chair de pomme rôtie. Montez en chantilly 120 g de crème fraîche avec 2 cuillerées à soupe de sucre. Incorporez-la à la purée de pomme.
- Coupez les financiers en deux dans le sens de la hauteur. Garnissez chaque moitié de crème, d'une tranche de pomme croquante et d'une cerise fraîche. Servez sur une assiette avec les cerises macérées et leur jus.

› CONSEIL

Incorporez 15 g de thé vert moulu dans la pâte à gâteau.

› TOUR DE MAIN

Pour des financiers plus moelleux, baissez la température de votre four à 160°C (thermostat 5) après 5 minutes de cuisson, laissez cuire 20 minutes, éteignez le four et attendez 5 minutes avant de sortir les biscuits du four.

Préparation : 40 minutes
Réfrigération : 1 heure | Cuisson : 15 minutes | Réalisation : assez délicate | Coût : bon marché | Vin conseillé : un petit verre de kirsch

Crêpes *en habit vanillé*

Ingrédients (pour 4 personnes)

- 75 g de chocolat blanc
- 1 œuf + 2 jaunes
- 45 cl de lait
- 25 cl de crème fraîche
- 5 cl de kirsch
- 75 g de sucre
- 70 g de farine
- 2 cuillères à soupe de fruits confits
- 1 gousse de vanille
- feuilles de gélatine, beurre, sel

› LA RECETTE

- Faites fondre 25 g de beurre. Fouettez 20 cl de lait avec 1 œuf battu. Ajoutez 70 g de farine tamisée et le beurre fondu. Avec cette préparation, faites cuire 4 grandes crêpes fines.
- Hachez finement 2 cuillerées à soupe de fruits confits et faites-les macérer dans 5 cl de kirsch. Faites tremper 3 feuilles de gélatine dans de l'eau froide. Faites fondre 75 g de chocolat blanc au bain-marie. Portez à ébullition 25 cl de lait additionné d'1 gousse de vanille fendue en deux.
- Battez 2 jaunes d'œuf avec 75 g de sucre. Versez dessus le lait bouillant petit à petit en fouettant. Faites cuire cette crème anglaise doucement en remuant continuellement jusqu'à ce que la crème nappe le dos de la cuillère en bois.
- Essorez les feuilles de gélatine et incorporez-les à la crème anglaise chaude en remuant jusqu'à ce que la gélatine soit complètement fondue. Filtrez la crème. Grattez la gousse de vanille et ajoutez les graines à la crème. Incorporez le chocolat blanc et les fruits confits égouttés.
- Montez 25 cl de crème fraîche en chantilly avec 1 pincée de vanille et incorporez-la à la crème au chocolat au moment où la gélatine commence à faire épaissir la préparation mais avant qu'elle soit complètement prise.
- Étalez les 4 crêpes sur le plan de travail. Garnissez-les de crème au chocolat blanc et aux fruits confits. Roulez en forme de cornet et réfrigérez au moins 1 h.

› CONSEIL

Servez une petite salade de segments d'orange ou de pêches fraîches agrémentée de feuilles de menthe.
Choisissez les fruits confits selon votre goût et votre alcool de macération en conséquence : un kirsch pour des cerises confites par exemple, ou un alcool de rose chinois pour du gingembre confit…
Pour gagner du temps, faites refroidir la crème anglaise dans un bain-marie d'eau glacée avant d'incorporer la crème montée.

› TOUR DE MAIN

Formez d'abord des cornets en papier d'aluminium, puis introduisez-y vos crêpes pour les maintenir dans la forme pendant la prise de la mousse.

Préparation : 40 minutes
Réfrigération : 2 heures | Cuisson : 15 minutes | Réalisation : assez délicate | Coût : bon marché | Vin conseillé : champagne brut

Gâteau
à la mousse de caramel

Ingrédients (pour 6 personnes)

- 200 g de cerneaux de noix
- 5 œufs + 4 jaunes
- 30 cl de crème liquide
- 25 cl de lait
- 160 g de sucre
- 40 g de farine
- 2 feuilles de gélatine
- 1 cuillère à café et demi de café moulu
- 1/2 cuillère à café de cardamome moulue
- vanille en poudre, sel, cacao

› LA RECETTE

- Hachez 160 g de noix. Tapissez 3 plaques à pâtisserie de papier sulfurisé beurré et fariné. Séparez les jaunes des blancs de 5 œufs. Avec un moulin à café électrique, réduisez en poudre 40 g de noix avec 1 cuillerée à café et demie de café. Préchauffez votre four à 210°C (thermostat 7).
- Mélangez la poudre de noix, 20 g de farine et 1/2 cuillerée à café de cardamome. Fouettez les 5 jaunes avec 100 g de sucre. Montez les blancs en neige avec 1 pincée de sel. Mélangez doucement les jaunes, la farine et les blancs. Étalez cette préparation en 3 cercles de 18 cm de diamètre sur les plaques. Enfournez environ 15 minutes, puis retournez-les sur une grille et enlevez le papier cuisson. Laissez refroidir.
- Faites tremper 2 feuilles de gélatine dans de l'eau froide. Faites bouillir 25 cl de lait avec 1 pincée de vanille en poudre. Faites cuire en caramel 60 g de sucre puis versez le lait dessus. Dans un bol, battez 4 jaunes d'œuf avec 20 g de farine. Versez le mélange de lait et de caramel sur les jaunes en fouettant. Faites cuire en remuant au fouet pour épaissir.
- Essorez la gélatine et incorporez-la à la crème au caramel chaude en mélangeant bien. Laissez refroidir la crème au caramel. Battez 30 cl de crème liquide en chantilly. Dès que la crème au caramel commence à prendre, incorporez doucement la crème Chantilly.
- Dans un cercle à pâtisserie de 22 cm de diamètre, montez le gâteau : placez un rond de biscuit au fond, couvrez de crème au caramel. Répétez l'opération avec les deux autres ronds de biscuits, en terminant par une couche de crème. Réfrigérez au moins 2 heures.
- Enlevez le cercle à pâtisserie, couvrez les bords de noix hachées, puis saupoudrez le haut du gâteau de cacao.

› TOUR DE MAIN

Pour enlever le papier de cuisson du biscuit, retournez-le sur une grille dès la sortie du four, couvrez-le d'un torchon humide et laissez refroidir légèrement.

Cornes *de gazelle*

Ingrédients (pour 6 personnes)

- 500 g d'amandes mondées
- 250 g de sucre semoule
- 250 g de farine tamisée
- 1 blanc d'œuf
- citron non traité
- 40 g de beurre
- 1 cuillère à soupe d'eau de fleur d'oranger
- 1 pincée de gomme arabique en poudre
- huile

› LA RECETTE

- Disposez 250 g de farine en puits. Au centre, ajoutez 15 g de beurre ramolli, 1 blanc d'œuf et 1 cuillerée à soupe d'eau de fleur d'oranger. Mélangez du bout des doigts puis pétrissez jusqu'à obtention d'une pâte homogène assez molle. Séparez-la en 4 pâtons. Laissez reposer 30 minutes.
- Entre-temps, mélangez les amandes mondées et 250 g de sucre semoule. Faites fondre 25 g de beurre. Râpez finement le zeste d'1 citron.
- Dans un bol, battez le jaune d'œuf avec 1 pincée de gomme arabique. Ajoutez le beurre fondu et le zeste de citron râpé. Au mixeur, réduisez les amandes sucrées en fine poudre. Ajoutez-leur le contenu du bol et mixez de nouveau.
- Transférez la préparation dans un plat. Pétrissez à la main jusqu'à obtention d'une farce homogène. Formez de petits boudins de farce de 5 à 6 cm de long et de 1 cm de diamètre. Préchauffez votre four à 160°C (thermostat 5/6).
- Sur le plan de travail huilé, étalez un pâton en l'étirant à la main. Posez un boudin de farce et refermez la pâte au-dessus. Découpez le bord à la roulette, en forme de corne de gazelle. Procédez ainsi jusqu'à épuisement de la pâte et de la farce.
- Posez les cornes de gazelle sur une plaque huilée. Faites-les cuire 15 minutes au four. Laissez-les refroidir et présentez-les sur un plat.

› TOUR DE MAIN

D'une texture élastique, la pâte des cornes de gazelle a besoin de repos. Divisée en petits pâtons, elle devient plus facile à étaler. Étirez-la au fur et à mesure avec les doigts, sans utiliser de rouleau à pâtisserie.
Pour servir, poudrez les cornes de gazelle de sucre glace.

Préparation : 15 minutes | Cuisson : 20 minutes | Réalisation : facile | Coût : bon marché | Vin conseillé : un Banyuls

Millefeuilles
fraises-pistaches

Ingrédients (pour 4 personnes)

- *250 g de pâte feuilletée*
- *200 g de fraises*
- *100 g de pistaches non salées et décortiquées*
- *60 g de sucre glace*
- *25 cl de crème liquide*
- *1 cuillère à soupe de sucre en poudre*
- *1/2 cuillère à café de vanille en poudre*

› LA RECETTE

- Préchauffez votre four à 210°C (thermostat 7).
- Étalez finement la pâte feuilletée et parez les bords pour obtenir un rectangle de la taille d'une grande plaque à pâtisserie. Transférez la pâte sur la plaque et à l'aide d'un pinceau, humectez-la d'un peu d'eau.
- À l'aide d'une fourchette, piquez régulièrement la pâte. Saupoudrez de 30 g de sucre glace et enfournez. Après 10 minutes de cuisson, retournez la pâte, humectez d'eau et saupoudrez de 30 g de sucre glace. Poursuivez la cuisson 10 minutes.
- Découpez la pâte en 12 carrés de taille égale. Hachez finement les pistaches. Rincez rapidement les fraises et coupez-les en quartiers.
- Versez 25 cl de crème liquide dans un bol et placez-le sur des glaçons. Ajoutez 1 cuillerée à soupe de sucre en poudre et 1/2 cuillerée à café de vanille en poudre, puis fouettez pour monter une crème chantilly.
- Disposez un carré de pâte sur chacune des assiettes. À l'aide d'une poche et d'une douille cannelée, décorez la pâte de crème Chantilly, puis de quartiers de fraises et parsemez de pistaches. Répétez l'opération une fois, puis terminez avec un carré de pâte.
- Saupoudrez de sucre glace, parsemez de quelques pistaches. Servez sans tarder.

› VARIANTE

Étonnez vos convives en remplaçant la vanille en poudre dans la crème chantilly par 1 pincée de cardamome verte en poudre. Pour un dessert plus sophistiqué, mélangez de la crème pâtissière à la crème Chantilly et incorporez des dés de fraises.

› TOUR DE MAIN

Pendant la cuisson, posez une grille sur la pâte afin de freiner son développement, tout en lui permettant de conserver son feuilletage.
Dans cette recette, la pâte doit être feuilletée mais non gonflée. C'est donc l'occasion idéale pour utiliser les chutes de pâte d'une autre recette, qui lèveront mal car elles ont été un peu manipulées.
Au lieu de faire des carrés, découpez la pâte feuilletée cuite en cercles à l'aide d'un emporte-pièce.

Préparation : 15 minutes | Cuisson : 10 minutes | Réalisation : facile | Coût : bon marché | Vin conseillé : Champagne demi-sec

Millefeuilles vanillés *de gaufrettes*

Ingrédients (pour 4 personnes)

- ✓ 250 g de farine
- ✓ 250 g de crème liquide
- ✓ 2 œufs
- ✓ 125 g de sucre
- ✓ 50 g de sucre glace
- ✓ 60 g de beurre fondu
- ✓ 50 g d'amandes effilées
- ✓ lait, vanille en poudre

› LA RECETTE

- Faites fondre 60 g de beurre. Ajoutez 250 g de farine, 125 g de sucre, 2 pincées de vanille en poudre, 2 œufs et 1 cuillerée à soupe de lait dans une terrine. Mélangez au batteur électrique avec la spatule.
- Détendez la pâte d'un peu de lait si nécessaire, et continuez de la battre au moins 5 minutes pour obtenir une pâte élastique. Faites chauffer les plaques à gaufres fines et faites cuire des gaufrettes rondes quelques minutes. Saupoudrez-les de sucre glace.
- Faites griller à sec les amandes effilées dans une poêle quelques minutes, puis saupoudrez d'1 cuillerée à café de sucre pour les caraméliser. Réservez-les.
- Montez la crème en chantilly en ajoutant de 30 à 50 g de sucre glace selon vos goûts et 2 bonnes pincées de vanille en poudre.
- Confectionnez les millefeuilles en intercalant les gaufrettes et la crème chantilly. Décorez la dernière gaufrette d'une rosace de crème chantilly et placez les amandes grillées par-dessus. Saupoudrez le tout de sucre glace.

› VARIANTE

Remplacez la vanille dans la crème chantilly par de la cannelle ou ajoutez à la vanille une petite pincée de cardamome. Cette dernière doit être utilisée avec précaution, car sa saveur, délicieuse quand elle est bien dosée, est désagréable en trop grande quantité.

› TOUR DE MAIN

Pour un dessert de dernière minute idéal, achetez des gaufrettes dans le commerce pour construire vos millefeuilles. Battez bien la pâte pour développer le gluten, présent dans la farine et responsable de l'élasticité de la pâte. Si vous travaillez votre pâte à la main, doublez le temps : 10 bonnes minutes.
Faites tremper 4 gaufrettes dans du chocolat fondu pour en couvrir la moitié seulement et laissez prendre, au frais si vous voulez faire vite. Utilisez ces gaufrettes comme dernière couche des millefeuilles.

Préparation : 40 minutes
Repos : 1 heure
Cuisson : 45 minutes
Réalisation : assez délicate
Coût : bon marché
Vin conseillé : un Bordeaux Sainte-Croix-du-Mont

Gâteau basque

Ingrédients (pour 6 personnes)

- ✓ 275 g de farine
- ✓ 200 g de sucre semoule
- ✓ 2 œufs + 3 jaunes d'œuf
- ✓ 150 g de beurre
- ✓ 25 cl de lait
- ✓ 1 cuillère à soupe de rhum
- ✓ quelques gouttes d'extrait d'amande amère
- ✓ 1 cuillère à café d'extrait de vanille liquide
- ✓ 1/2 cuillère à café de sel

› LA RECETTE

- Préparez la pâte. Dans une jatte, tamisez 250 g de farine. Creusez un puits et mettez-y 1 œuf, 1 jaune d'œuf, 150 g de sucre et 1/2 cuillerée à café de sel. Mélangez en incorporant la farine.
- Faites fondre 150 g de beurre. Ajoutez-le dans la jatte et parfumez avec l'extrait d'amande amère. Pétrissez la pâte en une boule homogène. Emballez-la dans du film alimentaire et laissez-la reposer 1 heure au réfrigérateur.
- Préchauffez votre four à 200°C (thermostat 6/7).
- Préparez la crème. Fouettez dans une terrine 2 jaunes d'œuf avec 50 g de sucre jusqu'à ce que le mélange blanchisse. Incorporez alors 25 g de farine tamisée.
- Faites chauffer 25 cl de lait avec 1 cuillerée à café d'extrait de vanille. Versez le lait bouillant dans la terrine sur le mélange en fouettant. Transvasez dans la casserole et faites cuire 5 minutes à feu doux en remuant. Parfumez avec 1 cuillerée à soupe de rhum et laissez tiédir.
- Beurrez et farinez légèrement un moule. Étalez les 2/3 de la pâte au fond du moule en rabattant l'excédent de pâte sur les bords en formant un bourrelet régulier. Garnissez le fond avec la crème pâtissière.
- Étalez le reste de pâte en un disque plus petit que le moule et posez-le sur la crème en soudant la bordure de pâte. Quadrillez la surface avec la pointe d'un couteau ou les dents d'une fourchette.
- Battez 1 œuf. Dorez le gâteau au pinceau avec l'œuf battu. Enfournez pour environ 45 minutes et laissez tiédir avant de démouler. Servez ce dessert légèrement tiède.

› VARIANTE

Dans sa région d'origine, le gâteau basque est très souvent garni de confiture de cerises noires. Vous pouvez vous aussi opter pour une confiture de griottes ou de framboises, et également ajouter le zeste d'un citron non traité à votre pâte.

› CONSEIL

Utilisez un moule de 22 cm de diamètre.

Préparation : 25 minutes | Cuisson : 45 minutes | Réalisation : facile | Coût : bon marché | Vin conseillé : Muscat ou Gewurztraminer

Moelleux
à la banane

Ingrédients (pour 6 à 8 personnes)

- ✓ 1 grosse banane
- ✓ 75 g de cerneaux de noix
- ✓ 3 œufs
- ✓ 175 g de farine tamisée
- ✓ 125 g de cassonade
- ✓ 1/3 de sachet de levure chimique
- ✓ 1 pincée de vanille moulue
- ✓ jus de citron, huile, beurre, sel

› LA RECETTE

- Préchauffez votre four à 180°C (thermostat 6).
- Écrasez la banane avec une fourchette. Arrosez-la avec 1 cuillerée à soupe de jus de citron et mélangez.
- Dans une jatte, fouettez les 3 jaunes d'œuf avec 6 cl d'huile et 125 g de cassonade. Ajoutez la banane écrasée et 1 pincée de vanille moulue. Ajoutez le tiers d'un sachet de levure chimique. Incorporez 175 g de farine tamisée en plusieurs fois. Complétez avec les cerneaux de noix cassés en petits morceaux.
- Montez les 3 blancs d'œuf en neige ferme avec 1 pincée de sel. Intégrez-les délicatement au contenu de la jatte. Transvasez la préparation dans un moule à cake beurré.
- Glissez le moule dans le four. Faites cuire le gâteau environ 45 minutes jusqu'à ce que le dessus soit doré. Laissez-le refroidir sur une grille avant de le trancher et de le déguster.

› VARIANTE

Apportez une touche d'exotisme à votre gâteau en utilisant des bananes figues, petits fruits au goût plus marqué. Parfumez avec du citron vert (zeste et jus). Remplacez les cerneaux de noix par des raisins secs macérés dans du rhum.

› CONSEIL

Préparez des boules de glace au chocolat ou à la vanille, ainsi que des cigarettes russes nappées d'un filet de chocolat et poudrées de noix de coco.
Achetez les bananes par petites quantités : elles mûrissent vite à température ambiante et ne supportent pas d'être mises au réfrigérateur. Pour réaliser ce gâteau, un seul gros fruit suffit, tigré de préférence !
Ce gâteau ayant tendance à gonfler en cuisant, choisissez un moule de grande dimension et emplissez-le de pâte aux deux tiers. Vérifiez la cuisson en piquant une brochette au centre du cake : elle doit ressortir propre.

Préparation : 1 heure | Cuisson : 15 minutes | Réalisation : assez délicate | Coût : assez cher | Vin conseillé : Bonnezeaux ou Quarts-de-Chaume

Craquelins *de pralines roses*

Ingrédients (pour 4 personnes)

- 150 g de fraises
- 150 g de framboises
- 80 g de groseilles
- 80 g de mûres
- 50 g de pralines roses
- 3 œufs
- 75 g de beurre mou
- 125 g de farine
- 100 g de sucre en poudre
- 75 g de sucre glace
- 50 cl de lait
- 20 cl de crème fleurette
- 1/2 gousse de vanille
- 1 cuillère à café de graines d'anis
- quelques feuilles de menthe

› LA RECETTE

- Préchauffez votre four à 160°C (thermostat 5/6). Réduisez les pralines roses en poudre fine. Dans une jatte, malaxez 75 g de beurre très mou jusqu'à obtention d'une pommade. Ajoutez 75 g de sucre glace et mélangez bien. Incorporez 3 blancs d'œuf progressivement, 75 g de farine tamisée et 1 cuillerée à café de graines d'anis.
- Sur une plaque antiadhésive, étalez de fines « touches » de pâte à l'aide d'une spatule en métal. Parsemez de pralines roses en poudre. Faites cuire au four quelques minutes jusqu'à coloration.
- Décollez les craquelins à la spatule. Laissez-les refroidir dans une gouttière à tuiles.
- Dans une casserole, faites bouillir 50 cl de lait avec 1/2 gousse de vanille. Entre-temps, fouettez 3 jaunes d'œuf avec 100 g de sucre semoule et 50 g de farine. Versez le lait bouillant sur le mélange et fouettez vivement. Transvasez la préparation dans la casserole et faites cuire 5 minutes sur feu doux. Laissez refroidir entièrement.
- Fouettez 20 cl de crème fleurette très froide et incorporez-la à la crème pâtissière.
- Versez la crème dans 4 coupelles et disposez les fruits rouges. Piquez les craquelins dans la crème. Décorez de quelques feuilles de menthe et servez très frais.

› VARIANTE

Les amandes caramélisées ont été inventées au XVIIᵉ siècle par le cuisinier du maréchal Plessis-Praslin. Vous pouvez les remplacer par des cacahuètes caramélisées ou même du pralin, très facile à utiliser car déjà réduit en poudre.

› CONSEIL

Après cuisson, les craquelins sont très fragiles et doivent être décollés avec délicatesse de la plaque à pâtisserie. À défaut de gouttière à tuiles, moulez-les sur un rouleau à pâtisserie ou… sur un manche à balai propre !

Préparation : 1 heure 15
Réfrigération : 1 heure | *Cuisson : 15 minutes* | *Réalisation : assez délicate* | *Coût : assez cher* | *Vin conseillé : du Champagne ou un petit verre de rhum vieux*

Bûche
choco-marron

Ingrédients (pour 8 à 10 personnes)

- *125 g de brisures de marron glacé*
- *3 œufs + 3 jaunes*
- *335 g de beurre*
- *135 g de sucre semoule*
- *75 g de farine*
- *20 cl de lait*
- *5 cl de rhum*
- *cacao amer, cerneaux de noix*

› LA RECETTE

- Préparez la crème : fouettez 2 jaunes d'œuf et 60 g de sucre. Ajoutez 20 cl de lait bouillant en fouettant. Faites prendre sur feu doux sans porter à ébullition. Laissez refroidir entièrement. Dans une jatte, réduisez 300 g de beurre mou en pommade. Incorporez-lui peu à peu la crème. Ajoutez les brisures de marron glacé. Parfumez avec 5 cl de rhum.
- Préchauffez votre four à 200°C (thermostat 6/7).
- Préparez le biscuit : fouettez 4 jaunes d'œuf et 60 g de sucre jusqu'à ce que le mélange coule en ruban. Montez 3 blancs d'œuf en neige ferme en ajoutant 15 g de sucre pour les meringuer. Mélangez délicatement les 2 préparations. Incorporez 75 g de farine, 1 cuillerée à soupe de cacao puis 20 g de beurre fondu. Versez la pâte sur une plaque beurrée tendue de papier sulfurisé. Faites cuire 10 minutes au four.
- Démoulez aussitôt le biscuit sur un torchon légèrement humide. Retirez peu à peu le papier en l'humidifiant au pinceau. Égalisez les bordures au couteau.
- Tartinez le biscuit avec les 2/3 de la crème aux marrons puis roulez-le sur lui-même rapidement. Réfrigérez pendant 1 heure.
- Pour la finition, étalez le reste de crème sur le biscuit en créant des aspérités. Décorez la surface avec quelques beaux cerneaux de noix.

› CONSEIL

Bien moins chères que les marrons entiers, les brisures de marron glacé sont vendues en grandes surfaces et chez les pâtissiers au moment des fêtes.
Découpez des bandes dans les chutes du biscuit, fourrez-les de crème et roulez-les. Posez-les sur la bûche pour simuler les nœuds du bois !
Vous avez oublié de sortir le beurre du réfrigérateur ? Ramollissez-le en l'aplatissant énergiquement à l'aide de votre rouleau à pâtisserie.

› TOUR DE MAIN

Lors de la préparation du biscuit, tamisez la farine et le cacao avant de les incorporer à la pâte. Veillez à ne pas faire retomber l'appareil en procédant au mélange.

Préparation : 50 minutes | Cuisson : 25 minutes | Réalisation : assez délicate | Coût : assez cher | Vin conseillé : un Gewurztraminer grains nobles ou du kirsch

Fraisier

Ingrédients (pour 4 personnes)

- ✓ 500 g de fraises
- ✓ 125 g de pâte d'amandes verte
- ✓ 4 œufs
- ✓ 260 g de sucre
- ✓ 140 g de beurre
- ✓ 40 g de poudre d'amandes
- ✓ 70 g de farine
- ✓ 25 cl de lait
- ✓ 4 cuillères à soupe de confiture de fraises
- ✓ 3 cuillères à soupe de kirsch

› LA RECETTE

- Préchauffez votre four à 180°C (thermostat 6). Beurrez un moule à manqué de 22 cm de diamètre. Tapissez le fond de papier sulfurisé, puis beurrez et farinez-le. Faites fondre 20 g de beurre. Fouettez 3 jaunes avec 90 g de sucre dans un bain-marie tiède jusqu'à ce que le mélange tiédisse.
- Fouettez hors du bain-marie jusqu'à ce que le mélange double de volume. Montez 3 blancs d'œuf en neige. À l'aide d'une spatule, incorporez-les délicatement avec la poudre d'amandes et 50 g de farine. Ajoutez le beurre fondu. Versez la pâte dans le moule et enfournez pour 25 minutes. Laissez refroidir et coupez la génoise en deux dans le sens de l'épaisseur.
- Versez 25 cl de lait dans une casserole avec 60 g de sucre et portez à ébullition. Dans un bol, battez un œuf entier avec 60 g de sucre et 20 g de farine. Versez le lait dessus en fouettant et faites chauffer en remuant jusqu'à ce que la crème épaississe.
- Hors du feu, ajoutez 60 g de beurre coupé en petits dés et remuez pour refroidir la crème. Travaillez 60 g de beurre en pommade et ajoutez-le à la crème refroidie avec 1 cuillerée à soupe de kirsch. Lavez, épongez et équeutez les fraises.
- Faites chauffer 50 g de sucre dans 10 cl d'eau et ajoutez 2 cuillerées à soupe de kirsch. Imbibez chaque morceau de génoise avec ce sirop. Tapissez-en un avec de la crème mousseline, puis posez les fraises debout dessus, bien serrées.
- Recouvrez les fraises d'une épaisse couche de crème et de l'autre génoise. Réchauffez la confiture et recouvrez-en la génoise. Abaissez la pâte d'amandes et découpez-en un cercle de la taille du gâteau. Déposez-le dessus et réservez au frais avant de servir.

› CONSEIL

Enduisez une fraise de blanc d'œuf, trempez-la dans du sucre cristallisé et laissez sécher quelques heures. Faites des feuilles avec les chutes de pâte d'amandes.

Préparation : 1 heure
Réfrigération : 4 heures | Pas de cuisson | Réalisation : assez délicate | Coût : assez cher | Vin conseillé : un Gewurztraminer

Bavarois
à la passion

Ingrédients (pour 6 personnes)

Pour le biscuit roulé :

- 3 œufs
- 100 g de sucre semoule
- 60 g de farine
- 60 g de fécule de pomme de terre
- 100 g de miel crémeux
- 1 cuillère à soupe de levure chimique
- 1 pincée de sel
- beurre

Pour la crème à la passion :

- 50 cl de crème anglaise
- 10 fruits de la passion
- 4 feuilles de gélatine
- 20 cl de crème liquide
- 50 g de sucre en poudre

› LA RECETTE

- Préchauffez votre four à 210°C (thermostat 7).
- Préparez le biscuit. Fouettez 3 jaunes d'œufs et 100 g de sucre. Battez en neige ferme les 3 blancs d'œufs avec 1 pincée de sel et incorporez-les dans le mélange mousseux. Ajoutez aux œufs 60 g de farine, 60 g de fécule de pomme de terre et 1 cuillerée de levure tamisées ensemble. Versez la pâte sur une plaque tapissée de papier sulfurisé beurré. Faites cuire au four pendant 12 minutes.
- Dès sa sortie du four, retournez la plaque sur un torchon humide. Retirez délicatement le papier. Tartinez le biscuit de miel. Roulez-le avec précaution sur lui-même et réservez.
- Recueillez la pulpe des fruits de la passion, filtrez-la puis mixez-la. Faites chauffer le jus, incorporez 4 feuilles de gélatine ramollies à l'eau froide. Laissez refroidir puis mélangez à 50 cl de crème anglaise.
- Fouettez 20 cl de crème liquide en chantilly avec 50 g de sucre en poudre. Incorporez-la au mélange précédent. Réservez au frais.
- Coupez le biscuit roulé en assez fines tranches. Disposez les tranches de biscuit au fond et contre la paroi d'un moule à manqué beurré. Garnissez le centre avec la crème à la passion. Réfrigérez pendant 4 heures.

› VARIANTE

Vous pouvez remplacer le miel par de la gelée de framboises.

› CONSEIL

On trouve désormais le fruit de la passion en toutes saisons. Son écorce brunâtre et cabossée abrite une pulpe colorée, légèrement gélatineuse, acidulée, et… de nombreux pépins ! Délaissez les fruits trop mous qui seraient desséchés. La peau doit être fripée et le fruit souple sous la pression des doigts. On peut déguster le fruit de la passion nature, à la petite cuillère, comme le kiwi et le kaki.
Au moment de servir, trempez le fond du moule dans de l'eau chaude puis essuyez-le et retournez-le sur un plat. Décorez le bavarois avec quelques framboises et un petit bouquet de menthe fraîche et servez-le avec un coulis de fruits rouges ou de framboises.

Préparation : 1 heure 30 | Cuisson : 30 minutes | Réalisation : très délicate | Coût : bon marché | Vin conseillé : Bonnezeaux

Saint-Honoré *croquant*

Ingrédients (pour 8 personnes)

- *800 g de crème pâtissière*
- *200 g de pâte feuilletée*
- *200 g de sucre semoule*
- *4 œufs*
- *125 g de farine*
- *25 cl de crème liquide*
- *60 g de beurre*
- *60 g de sucre glace*
- *1 sachet de sucre vanillé*
- *1 pincée de sel*

› LA RECETTE

- Faites chauffer 25 cl d'eau avec 1 pincée de sel et 60 g de beurre en parcelles. Incorporez 125 g de farine en mélangeant sur feu vif à la cuillère en bois jusqu'à obtention d'une boule homogène. Hors du feu, ajoutez les œufs un à un.
- Préchauffez votre four à 230°C (thermostat 8).
- Étalez la pâte feuilletée en un disque de 24 cm de diamètre. Posez-le sur une plaque beurrée et piquez-le à la fourchette. À l'aide d'une poche à douille, dressez une couronne de pâte à choux au bord du feuilletage. Sur la plaque, couchez 10 petits choux à part. Faites cuire au four pendant 15 minutes puis baissez le thermostat à 6/7 (200°C) et laissez cuire encore 15 minutes (retirez les choux au bout de 20 minutes). Laissez refroidir.
- Montez 25 cl de crème liquide en chantilly avec 60 g de sucre glace et 1 sachet de sucre vanillé. Réservez un quart de la chantilly au frais pour le décor. Incorporez le reste à la crème pâtissière. À l'aide de la poche à douille, garnissez les petits choux de crème ainsi que l'intérieur du feuilletage.
- Dans une casserole, faites cuire 200 g de sucre semoule et 4 cuillerées à soupe d'eau. Dès que le caramel blondit, arrêtez la cuisson. Trempez le haut des petits choux dans le caramel. Posez-les sur une grille. Trempez-les de nouveau dans le caramel (par la base) et faites-les adhérer à la couronne en pâte à choux. Posez l'un des choux au milieu du gâteau. Décorez de festons de chantilly.

› CONSEIL

Tapissez la plaque de cuisson d'un papier sulfurisé beurré. Pour caraméliser les choux, travaillez rapidement afin que le caramel n'ait pas tendance à durcir. Si c'est le cas, pas de panique : refaites un peu de caramel.

› TOUR DE MAIN

Arrêtez la cuisson du caramel en plongeant la casserole dans un récipient d'eau froide.

Préparation : 1 heure
Repos : 2 heures

Cuisson : 30 minutes

Réalisation : assez délicate

Coût : bon marché

Vin conseillé : un Champagne brut

Baba
au rhum

Ingrédients (pour 6 à 8 personnes)

- 75 g de raisins secs
- 5 cl de rhum
- 250 g de farine + 10 cl de lait
- 20 g de levure de boulanger
- 1 cuillère à soupe de sucre en poudre
- 80 g de beurre + 3 œufs
- 1 pincée de sel
- 60 g de gelée de coing
- 125 g de fruits confits
- 30 cl de crème liquide
- 60 g de sucre glace

Pour le sirop :

- 25 cl d'eau
- 150 g de sucre en poudre
- 5 cl de rhum

› LA RECETTE

- Faites macérer les raisins secs dans 5 cl de rhum. Dans une jatte, mélangez 250 g de farine, la levure émiettée dans 10 cl de lait tiède et 1 cuillerée à soupe de sucre en poudre. Laissez reposer pendant 15 minutes.
- Incorporez 80 g de beurre fondu tiède, 3 œufs battus avec 1 pincée de sel et les raisins au rhum. Mélangez énergiquement jusqu'à obtention d'une pâte lisse et homogène. Beurrez et farinez soigneusement un moule à savarin. Versez-y la pâte en le remplissant aux deux tiers. Laissez-la reposer 2 heures dans un endroit tiède, couverte d'un linge, jusqu'à ce qu'elle atteigne le haut du moule.
- Préchauffez votre four à 210°C (thermostat 7).
- Enfournez le moule. Faites cuire le gâteau pendant 30 minutes. Entre-temps, préparez le sirop : dans une casserole, portez à ébullition 25 cl d'eau et 150 g de sucre en poudre. Laissez frémir 2 minutes puis retirez du feu. Parfumez avec 5 cl de rhum.
- Une fois cuit, retirez le baba du four. Laissez-le tiédir puis démoulez-le sur une grille posée sur un plat creux. À l'aide d'une petite louche, arrosez le gâteau de sirop au rhum. Laissez-le s'imbiber entièrement avant de l'arroser de nouveau. Renouvelez l'opération jusqu'à épuisement du sirop.
- Faites chauffer 60 g de gelée de coing sur feu doux en la délayant avec un peu d'eau pour la liquéfier. Au pinceau, nappez la surface du baba de gelée chaude. Taillez les fruits confits en petits losanges et fins bâtonnets. Disposez-les harmonieusement à la surface du gâteau en les «collant» grâce au nappage de gelée.
- Battez 30 cl de crème liquide au fouet électrique. Dès qu'elle épaissit, incorporez 60 g de sucre glace. Fouettez jusqu'à obtention d'une chantilly bien ferme. À l'aide d'une poche à douille, garnissez l'intérieur du baba de chantilly. Décorez la base du gâteau de festons de crème piqués de fruits confits. Servez frais.

› CONSEIL

Pour réussir une belle crème chantilly, utilisez de la crème liquide entière. La crème allégée contient en effet des épaississants qui l'empêchent de monter. Assurez-vous qu'elle soit bien froide ainsi que le récipient dans laquelle vous la montez.

Préparation : 45 minutes
Réfrigération : 2 heures | Cuisson : 25 minutes | Réalisation : assez délicate | Coût : assez cher | Vin conseillé : Banyuls

Figuier

Ingrédients (pour 6 à 8 personnes)

Pour le biscuit :

- 4 œufs et 125 g de farine
- 125 g de sucre en poudre

Pour la crème pâtissière :

- 6 figues violettes
- 40 cl de lait et 50 g de farine
- 1/2 cuillère à café d'extrait de vanille liquide
- 1 œuf et 2 jaunes d'œuf
- 80 g de sucre en poudre
- 2 feuilles de gélatine
- 3 cuillères à soupe de Banyuls

Pour la finition :

- 2 figues
- 3 cuillères à soupe de confiture
- 1 cuillère à soupe de Banyuls

› LA RECETTE

- Préchauffez votre four à 150°C (thermostat 4/5).
- Préparez le biscuit. Dans une jatte posée au bain-marie, fouettez 4 œufs et 125 g de sucre jusqu'à ce qu'ils triplent de volume. Hors du feu, incorporez 125 g de farine. Transvasez la préparation dans un moule à manqué beurré et fariné. Glissez-le dans le four. Faites-le cuire pendant 25 minutes.
- Préparez la crème pâtissière. Faites bouillir 40 cl de lait et l'extrait de vanille dans une casserole. Entre-temps, fouettez 1 œuf, 2 jaunes d'œuf, 80 g sucre en poudre et 50 g de farine. Versez dessus le lait bouillant. Transvasez le mélange dans la casserole. Portez à ébullition sur feu doux et laissez cuire 5 minutes en remuant. Hors du feu, incorporez les feuilles de gélatine dissoutes dans le Banyuls. Laissez refroidir.
- Une fois cuit, démoulez le biscuit. Laissez-le refroidir sur une grille.
- Pelez les 6 figues. Coupez-les en petits morceaux. Incorporez-les à la crème pâtissière refroidie. Coupez le biscuit en deux dans l'épaisseur. Tartinez la base de crème aux figues. Posez le deuxième disque par-dessus, pour reconstituer le gâteau.
- Délayez 3 cuillerées à soupe de confiture avec 1 cuillerée à soupe de Banyuls. Nappez-en la surface du gâteau. Mettez-le 2 heures au réfrigérateur.Au dernier moment, décorez-le avec les 2 figues coupées en lamelles. Servez très frais.

› VARIANTE

un «fraisier» ou un «framboisier» en truffant la crème avec des morceaux de fraises ou des framboises. En hiver, pensez aux mangues avec lesquelles vous pourrez réaliser un délicieux «manguier». Dans ce cas, parfumez avec du rhum plutôt que du Banyuls.

› CONSEIL

Incorporez quelques noix fraîches à la crème de figues. Choisissez de préférence de la confiture de figues. À défaut, la confiture d'abricots ou de mirabelles conviennent parfaitement.

Préparation : 30 minutes	Cuisson : 20 minutes	Réalisation : facile	Coût : assez cher	Vin conseillé : Maury ou Banyuls

Croustillants
aux fruits rouges

Ingrédients (pour 4 personnes)

- *500 g de pâte feuilletée*
- *600 g de fruits rouges mélangés*
- *2 jaunes d'œuf*
- *50 g de sucre semoule*
- *25 cl de lait*
- *3 cuillères à soupe de gelée de groseille*
- *1 gousse de vanille*
- *sucre glace, farine*

› LA RECETTE

- Préchauffez votre four à 210°C (thermostat 7). Déroulez la pâte feuilletée et poudrez-la légèrement de sucre glace.
- Découpez la pâte en 12 rectangles de 15 x 6 cm environ. Disposez-les sur une tôle à pâtisserie humectée d'un peu d'eau. Piquez-les avec une fourchette pour qu'ils lèvent régulièrement. Enfournez 10 minutes jusqu'à ce que la pâte soit dorée et cuite à cœur.
- Faites bouillir 25 cl de lait avec la gousse de vanille fendue en deux dans la longueur. Dans une jatte, fouettez 2 jaunes d'œuf avec 50 g de sucre semoule jusqu'à ce que le mélange blanchisse, puis ajoutez 1 cuillerée à soupe de farine et le lait bouillant sans la gousse. Transvasez le tout dans la casserole du lait et faites épaissir à feu doux sans cesser de tourner. Aux premiers bouillons, laissez refroidir avant de mettre au réfrigérateur.
- Rincez les fruits rapidement, épongez et égrappez-les. Délayez 3 cuillerées à soupe de gelée de groseille et 1 cuillerée à soupe d'eau dans une petite casserole. Faites chauffer jusqu'à complète liquéfaction de la gelée.
- Garnissez un premier feuilleté avec 1 cuillerée à soupe de crème et quelques fruits rouges mélangés. Nappez d'un peu de gelée de groseille. Superposez un second feuilleté et garnissez-le également de crème et de fruits. Terminez par un feuilleté poudré de sucre glace et décoré d'une petite grappe de groseille. Entourez d'un cordon de gelée de groseille.

› CONSEIL

Achetez un panaché de fruits rouges : framboises, fraises des bois, mûres, myrtilles, groseilles…
Pour obtenir une bonne cuisson des feuilletés, glissez la tôle à mi-hauteur du four. La pâte doit être dorée aussi bien dessous que dessus.
Préparez des meringues avec les blancs d'œuf inutilisés dans cette recette. Battez-les en neige ferme en incorporant à la fin 100 g de sucre. Faites cuire à four très doux (60°C, thermostat 2) sur du papier sulfurisé.

Préparation : 1 heure | Cuisson : 30 minutes | Réalisation : assez délicate | Coût : assez cher | Vin conseillé : un Crémant de Bourgogne

Choux chantilly *au coulis de fruits*

Ingrédients (pour 4 personnes)

- *200 g de framboises*
- *200 g de fraises*
- *4 œufs*
- *25 cl de crème fleurette*
- *125 g de farine tamisée*
- *100 g de sucre glace*
- *80 g de beurre*
- *1 sachet de sucre vanillé*
- *1/2 citron*
- *lait, sucre, sel*

› LA RECETTE

- Préparez la pâte : dans une casserole, versez 25 cl d'eau. Ajoutez 60 g de beurre en parcelles, 1 cuillerée à café de sucre et 1 pincée de sel. Portez à ébullition puis ajoutez 125 g de farine tamisée en une seule fois. Mélangez vigoureusement à la cuillère en bois jusqu'à obtention d'une pâte homogène. Hors du feu, incorporez un à un les 4 œufs. Laissez tiédir.
- Préchauffez votre four à 180°C (thermostat 6).
- Sur une plaque à four beurrée (20 g), formez 8 boules de pâte à l'aide de 2 cuillères, en les espaçant. À l'aide d'un pinceau, humectez la surface d'un peu de lait. Glissez la plaque dans le four et laissez cuire pendant 30 minutes. Posez les choux sur une grille et laissez-les refroidir.
- Préparez le coulis : équeutez les framboises et les fraises. Broyez-les au mixeur pour les réduire en purée. Ajoutez 60 g de sucre glace et le jus d'1/2 citron. Broyez de nouveau jusqu'à obtention d'un coulis lisse. Réservez au frais.
- Battez 25 cl de crème fleurette au fouet électrique. Dès que la crème augmente de volume, incorporez-y 40 g de sucre glace et 1 sachet de sucre vanillé. Continuez de battre jusqu'à obtention d'une chantilly bien ferme.
- Ouvrez les choux sur le dessus, garnissez-les de chantilly et coiffez-les de leur chapeau. Servez le coulis en saucière ou versez-le dans les assiettes avant d'y déposer les choux.

› CONSEIL

Tamisez le coulis à travers une passoire fine pour supprimer les graines des fruits. Préservez la fraîcheur du dessert en garnissant les choux au dernier moment. Ne les laissez pas attendre au réfrigérateur : la pâte aurait tendance à ramollir. Décorez de menthe fraîche et de fruits rouges émincés.

› TOUR DE MAIN

Faites cuire les choux pendant 25 minutes à four fermé. Puis entrouvrez la porte et poursuivez la cuisson 5 minutes.

Préparation : 25 minutes | Cuisson : 5 minutes | Réalisation : assez délicate | Coût : bon marché | Vin conseillé : un Bourgogne blanc

Millefeuilles moka
et sa glace au lait

Ingrédients (pour 4 personnes)

- *6 grandes feuilles de pâte filo*
- *3 jaunes d'œuf*
- *110 cl de lait*
- *6,5 cl de crème fleurette*
- *115 g de sucre*
- *80 g de lait en poudre*
- *20 g de poudre à flan*
- *15 g de Maïzena*
- *sucre glace*
- *café soluble*

› LA RECETTE

- Préparez la glace au lait en battant 80 cl de lait avec 80 g de lait en poudre. Mettez en sorbetière et laissez travailler.
- Préparez la crème moka : faites bouillir 30 cl de lait. Mélangez dans une jatte 3 jaunes d'œuf, 50 g de sucre et 20 g de poudre à flan. Versez dessus le lait bouillant en fouettant. Transvasez le mélange dans la casserole et faites cuire quelques minutes en remuant à l'aide d'une cuillère en bois. Laissez refroidir.
- Mélangez 9 cuillerées à soupe de sucre glace et 1 cuillerée à soupe de café soluble. Découpez dans les feuilles de pâte filo 32 rectangles de 10 x 5 cm. Poudrez-les de sucre glace au café et faites-les caraméliser sous le gril du four.
- Préparez la sauce au café : portez à ébullition 30 cl d'eau avec 65 g de sucre. Versez en pluie 15 g de Maïzena et 8 g de café soluble dans la casserole tout en fouettant. Laissez épaissir légèrement et passez le tout au chinois.
- Fouettez 6,5 cl de crème fleurette. Incorporez délicatement la crème fouettée à la crème moka refroidie.
- Dressez un rectangle de pâte filo au centre de chaque assiette. Nappez-le d'un peu de crème moka et recouvrez d'un autre rectangle de pâte filo. Recommencez l'opération jusqu'à recouvrir le 8e rectangle de pâte.
- Poudrez les millefeuilles de sucre glace et versez un cordon de sauce au café tout autour dans les assiettes. Accompagnez d'une quenelle de glace au lait.

› CONSEIL

Achetez de la poudre de flan boulanger et non de la poudre à entremets.
La glace au lait, dans ce dessert, est très simple, légère et pure. Pour lui donner une saveur intense, utilisez du lait frais entier d'excellente qualité. Sachez que le procédé de stérilisation UHT détruit tout de même une partie de la saveur du lait. Préférez le lait pasteurisé, vendu au rayon frais.

Préparation : 30 minutes | Cuisson : 15 minutes | Réalisation : assez délicate | Coût : bon marché | Vin conseillé : un Coteaux-du-Layon

Moelleux
au citron

Ingrédients *(pour 4 personnes)*

- ✓ 3 citrons
- ✓ 5 œufs
- ✓ 190 g de beurre
- ✓ 220 g de sucre
- ✓ 75 g de poudre d'amandes
- ✓ 45 g de farine
- ✓ 1/2 cuillère à café de fécule de riz
- ✓ 1 cuillère à soupe de Grand-Marnier

› LA RECETTE

- Sortez 130 g de beurre du réfrigérateur et coupez-le en petits morceaux. Après 30 minutes, mettez le beurre dans un récipient. Travaillez-le avec une spatule en bois pour l'assouplir. Terminez en battant avec un fouet jusqu'à obtenir une consistance de pommade. Réservez 20 g de beurre en pommade pour faire la sauce et 110 g pour l'étape n°4.
- Séparez les blancs des jaunes de 5 œufs. Pelez 1 citron, coupez-le en tranches et enlevez les pépins, puis mixez-le jusqu'à obtention d'une pulpe complètement broyée. Pressez les 2 autres citrons.
- Dans une casserole, mélangez le jus de citron avec 80 g de sucre et 50 g de beurre, et faites réduire de moitié. Délayez 1/2 cuillerée à café de fécule de riz dans 1 cuillerée à soupe de Grand-Marnier, puis versez dans le jus réduit en remuant jusqu'à ce qu'il épaississe. Incorporez 20 g de beurre en pommade et réservez.
- Dans une jatte, mélangez les 5 jaunes d'œuf avec 80 g de sucre et fouettez vigoureusement pour les blanchir. Ajoutez les 110 g de beurre en pommade réservés et la pulpe de citron. Incorporez ensuite 75 g de poudre d'amandes et 45 g de farine.
- Préchauffez votre four à 210°C (thermostat 7). Faites fondre 10 g de beurre et, à l'aide d'un pinceau, beurrez 4 cercles de 6 cm de diamètre. Montez les 5 blancs d'œuf en ajoutant 60 g de sucre à la fin.
- Incorporez les blancs montés à la préparation des moelleux et versez cette dernière dans les cercles beurrés. Enfournez, baissez la température à 180°C (thermostat 6) et faites cuire 7 minutes environ. Décerclez les moelleux sur des assiettes et servez sans tarder avec la sauce au Grand-Marnier.

› CONSEIL

L'organisation de votre temps est essentielle pour la bonne réalisation de cette recette. Préparez la sauce et la pâte des moelleux à l'avance, sans incorporer les blancs. Puis à la dernière minute, montez les blancs, incorporez-les et faites cuire les moelleux. Servez immédiatement.
Ajoutez un peu de thym : c'est délicieux !

Préparation : 30 minutes | Cuisson : 35 minutes | Réalisation : assez délicate | Coût : assez cher | Vin conseillé : un Muscat

Millefeuilles
aux noisettes

Ingrédients (pour 4 personnes)

- 2 rouleaux de pâte feuilletée
- 80 g de farine
- 6 œufs
- 75 cl de lait
- 220 g de sucre
- 25 g de chocolat noir
- 25 g d'amandes effilées
- 30 g de beurre
- 4 cuillères à soupe de noisettes en poudre
- 1 sachet de sucre vanillé

› LA RECETTE

- Versez 75 cl de lait dans une casserole et portez à ébullition. Dans une terrine, fouettez 220 g de sucre, le sucre vanillé et les œufs jusqu'à ce que le mélange blanchisse. Incorporez ensuite 80 g de farine, puis le lait bouillant sans cesser de fouetter.
- Versez le mélange dans la casserole et faites cuire sur feu moyen jusqu'à épaississement tout en remuant et en grattant le fond de la casserole avec une cuillère en bois. Quand la crème nappe la cuillère, ajoutez la poudre de noisettes. Mélangez et laissez refroidir.
- Préchauffez votre four à 200°C (thermostat 6-7).
- Déroulez la pâte feuilletée et découpez-la en 12 rectangles de 10 cm sur 5 cm environ. Posez-les sur une feuille de papier sulfurisé beurrée. Enfournez pour 5 minutes. Baissez le four à 120°C (thermostat 4) et poursuivez la cuisson 20 minutes. Laissez-les refroidir sur une grille.
- Prélevez des copeaux de chocolat à l'aide d'un couteau Économe.
- Posez un rectangle de pâte sur le plan de travail, étalez de la crème, couvrez avec un autre rectangle de pâte, étalez de la crème et terminez avec un troisième rectangle. Décorez avec les copeaux de chocolat et les amandes effilées. Procédez de même pour les autres millefeuilles.

› VARIANTE

Vous pouvez glacer le dessus des millefeuilles en mélangeant 1 bol de sucre glace et 2 cuillerées à soupe de rhum blanc. Étalez cette préparation épaisse avec un pinceau et laissez durcir avant de servir.

› CONSEIL

La crème pâtissière doit être épaisse pour ne pas couler. Arrêtez la cuisson lorsqu'elle a la consistance d'une mayonnaise.
Pour garnir les millefeuilles, mettez la crème pâtissière refroidie dans une poche à douille munie d'un embout large.

Préparation : 30 minutes | Cuisson : 20 minutes | Réalisation : facile | Coût : bon marché | Vin conseillé : Champagne

Profiteroles *au chocolat*

Ingrédients *(pour 4 à 6 personnes)*

- ✓ 1 l de glace à la vanille
- ✓ 250 g de chocolat noir
- ✓ 4 œufs moyens
- ✓ 150 g de farine
- ✓ 115 g de beurre
- ✓ lait, sel, sucre

› LA RECETTE

- Préparez la pâte à choux : portez à ébullition 25 cl d'eau dans une casserole avec 75 g de beurre coupé en morceaux, 1/2 cuillerée à café de sel et 1 cuillerée à soupe de sucre en poudre.
- Lorsque le beurre est fondu, versez hors du feu et en une seule fois 150 g de farine parfaitement tamisée. Mélangez vivement jusqu'à obtention d'une pâte sans grumeaux. Faites-la sécher quelques secondes sur feu vif tout en mélangeant énergiquement.
- Hors du feu, incorporez les 4 œufs un par un en remuant vivement. Laissez refroidir. Préchauffez votre four à 210°C (thermostat 7).
- Beurrez une plaque à pâtisserie. Déposez la pâte à choux sur la plaque en faisant de petits tas (16 à 18). Enfournez pour 20 minutes.
- Entre-temps, mettez à fondre le chocolat râpé ou cassé en petits morceaux au bain-marie avec 40 g de beurre en parcelles et 15 cl de lait. Lorsque le chocolat est parfaitement fondu, remuez-le jusqu'à obtention d'une sauce bien lisse. Réservez au chaud dans le bain-marie.
- Sortez les choux du four et la glace du congélateur. Laissez les choux tiédir et la glace ramollir quelques minutes, puis coupez en deux chaque chou et fourrez-le d'une boule de glace. Disposez les choux dans les assiettes, nappez de sauce au chocolat et servez immédiatement

› VARIANTE

Vous pouvez fourrez vos choux de crème pâtissière ou de crème chantilly. Le parfum de la crème glacée peut varier, mais attention à l'accord avec le chocolat (fruits rouges, banane, amandes…).

› CONSEIL

Choisissez une excellente marque de glace à la vanille, cette recette le mérite. De même, utilisez un chocolat de très bonne qualité (pas de chocolat à pâtisser si possible), le cacao étant l'arôme prédominant ici.
Ne faites pas trop couler de sauce au chocolat sur les profiteroles afin que l'on voie encore les choux et servez le reste en saucière. Parsemez de noisettes concassées grillées ou d'amandes.

Préparation : 20 minutes | *Cuisson : 1 heure* | *Réalisation : facile* | *Coût : bon marché* | *Vin conseillé : un Muscat*

Cake
au whisky

Ingrédients (pour 6 personnes)

- 2 citrons non traités
- 50 g de gingembre confit
- 6 jaunes d'œuf
- 85 g de crème fraîche
- 50 g de beurre
- 170 g de sucre
- 130 g + 1/2 cuillères à soupe de farine
- 2 cuillères à soupe de whisky
- 2 cuillères à café de levure chimique
- 1 pincée de vanille en poudre

› LA RECETTE

- Râpez le zeste de 2 citrons. Coupez le gingembre confit en petits dés. Versez sur ces derniers 2 cuillerées à soupe de whisky et laissez macérer.
- Préchauffez votre four à 150°C (thermostat 5). Tamisez 130 g de farine une fois, puis une deuxième fois avec 2 cuillerées à café de levure chimique, 1 pincée de sel et 1 pincée de vanille en poudre. Réservez.
- À l'aide d'un fouet, faites blanchir légèrement 6 jaunes d'œuf avec 170 g de sucre. Versez dans cette préparation 85 g de crème fraîche et le zeste râpé des citrons. Mélangez bien. Faites fondre 50 g de beurre. Incorporez la farine tamisée puis le beurre fondu.
- Égouttez les dés de gingembre confit en réservant le whisky. Poudrez les dés de gingembre d'1/2 cuillerée à soupe de farine et mélangez pour les enrober de farine. Incorporez-les dans la pâte à cake.
- Beurrez un moule à cake de 15 cm de longueur et chemisez-le de papier sulfurisé. Versez la préparation et enfournez pendant environ 1 heure, ou jusqu'à ce qu'une lame de couteau enfoncée au centre du gâteau ressorte propre et sèche.
- Au moment où vous sortez le cake du four, versez le whisky dessus. Laissez refroidir avant de démouler et de trancher.

› CONSEIL

Pensez à glacer ce cake à l'aide d'une gelée de citron pour le faire briller. Faites simplement chauffer la gelée et badigeonnez le cake pendant qu'il est encore tiède.
Ce cake est délicieux servi avec un sorbet aux fruits rouges. Dans ce cas, coupez des tranches de 1 cm d'épaisseur, puis détaillez dedans des cercles de 4 à 5 cm de diamètre. Roulez-les dans de la cassonade et faites caraméliser légèrement sous le gril du four, puis dressez une boule de sorbet sur le cake.

› TOUR DE MAIN

Faites votre propre gingembre confit : coupez du gingembre frais en gros dés. Couvrez-les d'eau froide, portez à ébullition et égouttez. Faites un sirop de sucre avec 200 g de sucre et 5 cl d'eau, ajoutez le gingembre et faites cuire à petits bouillons pendant environ 1 heure.

Préparation : 1 heure 30
Repos : 2 heures

Cuisson : 5 minutes

Réalisation : très délicate

Coût : bon marché

Vin conseillé : un Cérons

Sablés aux oranges
sauce chocolat amer

Ingrédients (pour 4 personnes)

- 10 oranges
- 250 g de chocolat noir amer
- 1 jaune d'œuf
- 10 cl de crème fleurette
- 150 g de farine
- 120 g de beurre très mou
- 70 g de sucre glace
- 60 g d'amandes en poudre
- 3 cuillères à soupe de crème pâtissière
- 2 cuillères à soupe de Grand-Marnier
- 1 sachet de sucre vanillé

› LA RECETTE

- Pelez 10 oranges à vif et prélevez les quartiers. Laissez-les égoutter plusieurs heures dans une passoire.
- Préparez la pâte sablée. Dans une jatte, malaxez 120 g de beurre très mou et 60 g de sucre glace. Ajoutez 1 jaune d'œuf puis 60 g d'amandes en poudre. Incorporez en plusieurs fois 150 g de farine tamisée. Laissez reposer la pâte pendant 2 heures dans le bas du réfrigérateur.
- Préchauffez votre four à 210°C (thermostat 7).
- Étalez la pâte sur une épaisseur de 5 mm. Découpez 8 sablés à l'aide d'un emporte-pièce rond et cannelé de 8 cm de diamètre. Posez-les sur une plaque tendue de papier sulfurisé beurré. Faites-les cuire 5 à 6 minutes au four.
- Parfumez la crème pâtissière avec 2 cuillerées à soupe de Grand-Marnier. Montez 10 cl de crème fleurette en chantilly avec 1 sachet de sucre vanillé. Incorporez-y délicatement la crème pâtissière. Réservez au frais.
- Faites fondre le chocolat noir au bain-marie avec 12,5 cl d'eau. Quand il est bien lisse, versez-le au fond des assiettes.
- Montez les sablés. Disposez un disque de pâte sur le plan de travail. Posez dessus un petit dôme de crème au Grand-Marnier et les quartiers d'orange autour. Recouvrez le tout d'un disque de pâte poudré de sucre glace. Dressez les sablés sur les assiettes nappées d'un cordon de sauce au chocolat.

› CONSEIL

Il est préférable de monter les sablés à la dernière minute car le jus résiduel des oranges pourrait les imbiber et ramollir la pâte.

› TOUR DE MAIN

La veille, préparez la crème pâtissière : fouettez 2 jaunes d'œuf, 50 g de sucre et 25 g de farine. Versez dessus 25 cl de lait bouillant. Mélangez et faites cuire 5 minutes sur feu doux en remuant. Laissez refroidir puis mettez au réfrigérateur. Prélevez 3 cuillerées à soupe de la préparation pour réaliser la crème au Grand-Marnier.

Préparation : 50 minutes | Cuisson : 2 heure 30 | Réalisation : assez délicate | Coût : bon marché | Vin conseillé : un Santo
Réfrigération : 1 heure

Meringue
à la mousse de pomme

Ingrédients (pour 4 personnes)
- ✓ 70 g de noix
- ✓ 6 blancs d'œuf
- ✓ 30 g de sucre glace
- ✓ 320 g de sucre en poudre
- ✓ 4 cerneaux de noix
- ✓ 6 pommes
- ✓ 6 cl de jus de pomme
- ✓ le jus d'1/2 citron
- ✓ 1 bâton de cannelle
- ✓ 1 gousse de vanille
- ✓ 1 cuillère à soupe de Calvados
- ✓ beurre, miel

› LA RECETTE

- Dans une poêle, faites griller les noix à sec quelques minutes. Mixez-les en poudre avec 30 g de sucre glace. Montez 4 blancs d'œuf en neige ferme avec 1 pincée de sel et 200 g de sucre. Incorporez les noix aux blancs en mélangeant délicatement.
- Préchauffez votre four à 100°C (thermostat 3/4). Sur une plaque beurrée et farinée, dressez 4 ronds de meringue de la même taille que les ramequins à l'aide d'une poche à douille, puis quatre hauts surmontés d'un cerneau de noix. Enfournez 2 heures, puis laissez refroidir dans le four, porte entrouverte.
- Épluchez 4 pommes et coupez-les en petits morceaux. Faites-les cuire à feu doux pendant 30 minutes dans une sauteuse à couvert avec 2 cuillerées à soupe de miel, le jus d'1/2 citron, 5 cl d'eau, 1 bâton de cannelle et 1 gousse de vanille fendue. Faites sécher la compote à feu vif quelques minutes en remuant bien. Ajoutez 1 cuillerée à soupe de Calvados et jetez la cannelle.
- Tapissez 4 ramequins de film alimentaire. Montez 2 blancs en neige. Incorporez la compote refroidie, puis versez la préparation dans les ramequins. Mettez au frais pendant au moins 1 heure.
- Épluchez 2 pommes, coupez-les en quatre, épépinez-les et taillez des tranches de 1 cm. Dans une casserole, faites fondre 120 g de sucre avec 1 cuillerée à soupe de beurre à feu vif jusqu'à obtention d'un caramel. Ajoutez 6 cl de jus de pomme, puis les pommes. Laissez cuire à feu doux pendant 10 minutes en les retournant.
- Placez les ronds de meringue sur les assiettes et démoulez les mousses dessus. Ajoutez les pommes caramélisées et décorez d'un haut de meringue.

› CONSEIL

Pour profiter de toute la saveur d'une gousse de vanille, fendez-la avant cuisson puis, en fin de cuisson, grattez les petits grains noirs et incorporez-les à la préparation.

› TOUR DE MAIN

Pour réussir une meringue parfaite, vérifiez qu'il n'y a pas la moindre trace de jaune dans les blancs d'œuf.

›I Le chocolat

Préparation : 45 minutes | Cuisson : 15 minutes | Réalisation : facile | Coût : bon marché | Vin conseillé : un Maury ou un Grand-Marnier

Pavé
au Grand-Marnier

Ingrédients (pour 4 personnes)

- ✓ 450 g de chocolat amer
- ✓ 650 g de crème fraîche
- ✓ 4 grandes crêpes sucrées
- ✓ 4 cuillères à soupe de marmelade d'orange
- ✓ 2 cuillères à soupe de Grand-Marnier

› LA RECETTE

- Faites tiédir 4 cuillerées à soupe de marmelade d'orange avec 2 cuillerées à soupe de Grand-Marnier. Étalez une crêpe et nappez-la d'un quart de la marmelade parfumée. Posez la seconde crêpe sur la première et répétez l'opération jusqu'à la dernière.
- Roulez ce millefeuille de crêpes en serrant bien et enveloppez ce rouleau dans du film alimentaire. Réservez au réfrigérateur.
- Mettez 650 g de crème fraîche dans une casserole et portez-la à ébullition sur feu très doux. Laissez tiédir hors du feu. Entre-temps, faites fondre le chocolat cassé en morceaux au bain-marie.
- Mélangez le chocolat fondu à la cuillère en bois, hors du feu, jusqu'à obtention d'une texture bien lisse. Versez petit à petit la crème tiède dans le chocolat en fouettant.
- Tapissez un moule à cake de film alimentaire en l'étirant bien. Versez-y environ un tiers de la ganache. Posez le rouleau de crêpe sur la ganache en le centrant bien et recouvrez-le du reste de ganache en prenant soin de la faire bien couler sur les côtés.
- Laissez refroidir la terrine puis couvrez-la de film alimentaire. Réfrigérez-la au minimum 12 heures. Juste avant de servir, démoulez la terrine et découpez-la en tranches fines.

› CONSEIL

Afin d'obtenir de belles tranches bien nettes, utilisez un couteau très tranchant et passez-le sous l'eau très chaude entre chaque tranche.
Servez une crème anglaise à la vanille et une salade de quartiers d'orange.
Vous pouvez truffer le pavé de petits dés d'écorce d'orange confite et ajouter un zeste d'orange blanchi et râpé dans la pâte à crêpes.

› TOUR DE MAIN

Pour démouler la terrine, plongez-la quelques secondes dans de l'eau chaude et retournez-la sur un plat.

Préparation : 40 minutes | Cuisson : 20 minutes | Réalisation : facile | Coût : bon marché | Vin conseillé : un Montlouis ou un Vouvray

Soufflés
au chocolat

Ingrédients (pour 4 personnes)

- 100 g de chocolat noir
- 75 g de beurre
- 2 œufs + 1 blanc d'œuf
- 75 g de sucre semoule
- 1 sachet de sucre vanillé
- 2 cuillères à soupe de cacao amer
- 1 cuillère à soupe de fécule de pomme de terre
- bicarbonate, sel, sucre glace

› LA RECETTE

- Cassez le chocolat en morceaux et faites-le fondre au bain-marie. Lorsque les carrés sont bien mous, incorporez 75 g de beurre en petites parcelles et 2 cuillerées à soupe de cacao amer. Mélangez délicatement jusqu'à obtention d'une pâte lisse et onctueuse.
- Préchauffez votre four à 200°C (thermostat 6/7).
- Dans une jatte, fouettez 2 jaunes d'œuf et 50 g de sucre semoule. Ajoutez 1 cuillerée à soupe de fécule et 1 pincée de bicarbonate. Incorporez la pâte de chocolat au contenu de la jatte.
- Montez 3 blancs d'œuf en neige ferme avec 1 pincée de sel. À mi-parcours, ajoutez 25 g de sucre en poudre et 1 sachet de sucre vanillé pour meringuer les blancs.
- Incorporez les blancs meringués à la préparation au chocolat. Répartissez la mousse obtenue dans les 8 empreintes d'une plaque à muffins (ou petits gâteaux).
- Glissez la plaque dans le four. Faites cuire environ 20 minutes jusqu'à ce que les soufflés soient bien gonflés. Sortez-les du four, attendez quelques instants puis démoulez-les. Servez-les encore chauds, poudrés de sucre glace et empilés deux par deux sur les assiettes.

› TOUR DE MAIN

Utilisez une plaque de cuisson antiadhésive ou un moule flexible garni de 8 empreintes ou alvéoles. Très pratiques, ces moules ne nécessitent aucun graissage et permettent un démoulage facile et rapide des gâteaux. À défaut de plaques ou de petits moules, réalisez un seul soufflé par convive en versant la préparation dans 4 moules individuels d'une taille légèrement supérieure. Prolongez la cuisson de 5 à 10 minutes.

› CONSEIL

Pour réussir pleinement votre dessert, ne lésinez pas sur la qualité du chocolat ! Choisissez une tablette de dégustation à teneur en cacao supérieure à 70 %, offrant un bon équilibre entre la puissance du goût et le fondant de la texture. Proposez une crème anglaise à la vanille pour accompagner ces soufflés.

Préparation : 30 minutes
Réfrigération : 12 heures

Cuisson : 20 minutes

Réalisation : assez délicate

Coût : bon marché

Vin conseillé :
Banyuls, Rasteau ou Maury

Bricks
en chocolat

Ingrédients *(pour 4 personnes)*

- ✓ 200 g de chocolat noir
- ✓ 4 feuilles de brick
- ✓ 6 œufs
- ✓ 50 g d'écorce d'orange confite
- ✓ 40 g de beurre
- ✓ quelques noix de cajou
- ✓ 1 cuillère à soupe de sucre semoule
- ✓ 1 pincée de sel

› LA RECETTE

- Préparez la mousse : cassez 6 œufs en séparant les blancs des jaunes. Faites fondre le chocolat noir au bain-marie. Lorsque les carrés sont bien mous, retirez du feu. Incorporez les jaunes d'œuf un par un en mélangeant à la cuillère en bois jusqu'à obtenir une « pâte » homogène.
- Montez les blancs d'œuf en neige ferme avec 1 pincée de sel. Versez-en un tiers dans la pâte au chocolat et mélangez soigneusement. Incorporez peu à peu le reste des blancs à l'aide d'une spatule en caoutchouc. Réfrigérez la mousse 12 heures.
- Le lendemain, préchauffez votre four à 180°C (thermostat 6).
- Faites fondre 40 g de beurre dans une petite casserole. Hors du feu, ajoutez 1 cuillerée à soupe de sucre semoule. Étalez 4 feuilles de brick sur le plan de travail. Au pinceau, badigeonnez-les de beurre fondu sucré.
- Pliez les feuilles en deux, puis en quatre. À l'intérieur, glissez une boule de papier d'aluminium pour les maintenir ouvertes. Posez-les sur une plaque antiadhésive. Badigeonnez la surface de beurre fondu. Glissez-les dans le four et laissez-les dorer environ 8 minutes.
- Sortez les bricks du four. Laissez-les refroidir sur une grille puis retirez les boules d'aluminium. Taillez 50 g d'écorce d'orange confite en petits dés. Moulez 4 belles cuillerées de mousse au chocolat et glissez-les à l'intérieur des bricks. Décorez avec les dés d'écorce d'orange et quelques noix de cajou. Servez aussitôt.

› CONSEIL

Renforcez l'alliance du chocolat et de l'orange en parfumant la mousse avec 1 ou 2 cuillerées à soupe de Cointreau ou de Grand-Marnier.
Procurez-vous des œufs frais portant la mention « extra », c'est-à-dire vendus moins de 9 jours après la ponte. Achetez du chocolat noir de qualité, riche en cacao.

Préparation : 2 heures | *Cuisson : 20 minutes* | *Réalisation : très délicate* | *Coût : assez cher* | *Vin conseillé : un Banyuls brut*

Fondant
chocolat-café

Ingrédients (pour 4 personnes)

- *120 g de chocolat noir*
- *100 g de cerneaux de noix*
- *100 g de chantilly très ferme*
- *4 œufs + 8 jaunes*
- *70 cl de lait*
- *20 cl de crème liquide*
- *240 g de sucre*
- *70 g de farine*
- *20 g de cacao en poudre*
- *20 g de café moulu*
- *beurre, Maïzena*
- *2 cuillères à café soluble*

› LA RECETTE

- Préchauffez votre four à 180°C (thermostat 6).
- Travaillez 4 œufs et 100 g de sucre avec un batteur 7 à 8 minutes au bain-marie afin d'obtenir un ruban. Tamisez 20 g de cacao avec 70 g de farine et incorporez-les doucement aux œufs. Tapissez une plaque de papier sulfurisé beurré et fariné, puis étalez la préparation. Enfournez le biscuit pour 8 à 10 minutes.
- Préparez la ganache. Hachez 85 g de chocolat noir. Portez 10 cl de crème liquide à ébullition et versez-la sur le chocolat. Laissez fondre quelques minutes, puis remuez en ajoutant 15 g de beurre en pommade. Laissez refroidir en remuant de temps en temps.
- Préparez la crème pâtissière. Faites bouillir 20 cl de lait. Fouettez 2 jaunes d'œuf avec 40 g de sucre. Ajoutez 15 g de maïzena et versez le lait bouillant sur le mélange en fouettant. Portez à ébullition 2 minutes en fouettant puis incorporez 2 cuillerées à café de café soluble. Laissez refroidir et incorporez 100 g de chantilly.
- Préparez la crème anglaise. Jetez 20 g de café moulu dans 50 cl de lait. Faites frémir puis laissez infuser 10 minutes hors du feu. Battez 6 jaunes d'œuf avec 100 g de sucre. Versez dessus le lait infusé bouillant et faites cuire à feu doux en remuant avec une spatule en bois. Filtrez et réservez au frais.
- Préparez le glaçage : versez 10 cl de crème fraîche bouillante sur 35 g de chocolat noir râpé et mélangez bien après avoir laissé fondre.
- Découpez 4 biscuits ronds à l'aide de 4 cercles à entremets de 7 cm de diamètre et 4 cm de haut. Masquez les bords internes des cercles avec la ganache et garnissez-les de crème pâtissière au café en alternant les couches avec les cerneaux de noix. Terminez avec un biscuit.
- Démoulez, nappez de glaçage au chocolat et servez avec la crème anglaise.

› CONSEIL

Dès que vous sortez le biscuit du four, retournez-le sur une grille puis couvrez le papier sulfurisé d'un torchon mouillé pendant quelques minutes. Le papier s'enlèvera plus facilement.

Préparation : 1 heure | *Cuisson : 25 minutes* | *Réalisation : facile* | *Coût : assez cher* | *Vin conseillé : Rasteau ou Maury*

Chausson *chocolat*

Ingrédients (pour 4 personnes)

- 250 g de farine
- 125 g de chocolat noir
- 125 g de sucre semoule
- 100 g de beurre
- 2 œufs + 1 jaune
- 50 g d'écorce d'orange confite
- 20 g de cacao amer en poudre
- 1 sachet de sucre vanillé
- 1 cuillère à soupe de crème fraîche
- sucre glace, sel

› LA RECETTE

- Dans une jatte, mélangez 250 g de farine, 20 g de cacao amer, 75 g de sucre et 1 pincée de sel. Ajoutez 100 g de beurre en parcelles. Mélangez du bout des doigts jusqu'à obtention d'une consistance sableuse. Creusez un puits au centre du mélange, mettez-y 1 jaune d'œuf et 3 cuillerées à soupe d'eau. Incorporez-les rapidement et formez une boule de pâte.
- Préparez la garniture : faites fondre 125 g de chocolat au bain-marie. Dans une jatte, fouettez 1 œuf et 1 jaune d'œuf, 50 g de sucre et 1 sachet de sucre vanillé. Ajoutez 1 cuillerée à soupe de crème. Incorporez ensuite le chocolat fondu.
- Préchauffez votre four à 180°C (thermostat 6).
- Partagez la pâte au cacao en 4 pâtons. Étalez-les sur le plan de travail saupoudré de sucre glace. Formez 4 disques de 12 cm de diamètre. Allongez-les un peu dans la largeur avec le rouleau.
- Sur la moitié de la pâte, déposez 1/4 de la garniture au chocolat. Au pinceau, badigeonnez le bord de la pâte avec le blanc d'œuf restant. Rabattez la partie non farcie sur la garniture. Pressez avec les doigts pour souder les bords et obtenir un chausson. Répétez l'opération pour les 3 autres chaussons.
- Posez les chaussons sur une plaque tendue de papier cuisson. Faites-les cuire au four pendant 25 minutes. Servez-les tièdes, poudrés de sucre glace et parsemés de 50 g d'écorce d'orange confite en petits dés.

› CONSEIL

Proposez une salade d'orange parfumée à la menthe et de la glace au Grand Marnier, en accompagnement.
La pâte sablée au cacao est fragile et friable, c'est pourquoi il est préférable de la diviser en pâtons et de les étaler les uns après les autres. Un plan de travail en marbre permet d'étendre plus facilement la pâte. En fin d'opération, supprimez l'excédent de sucre glace à l'aide d'un pinceau.

Préparation : 1 heure Réfrigération : 12 heures	Cuisson : 30 minutes	Réalisation : assez délicate	Coût : bon marché	Vin conseillé : Champagne brut

Cannelloni
au cacao

Ingrédients (pour 4 personnes)

- ✓ 4 œufs + 3 jaunes
- ✓ 100 g de chocolat noir
- ✓ 50 g de noisettes hachées
- ✓ 40 g de cacao en poudre
- ✓ 35 cl de crème liquide
- ✓ 25 cl de lait
- ✓ 125 g de sucre semoule
- ✓ 100 g de farine
- ✓ 60 g de beurre demi-sel
- ✓ 1 feuille de gélatine
- ✓ copeaux de chocolat blanc et noir
- ✓ sel

› LA RECETTE

- Préparez la mousse : dans une jatte, fouettez 3 jaunes d'œuf et 125 g de sucre jusqu'à ce que le mélange blanchisse. Entre-temps, faites fondre 100 g de chocolat noir et 50 g de beurre demi-sel au bain-marie. Lissez la pâte de chocolat à la spatule. Hors du feu, incorporez 1 feuille de gélatine ramollie, ainsi que 2 jaunes d'œuf.
- Transvasez la préparation au chocolat dans la jatte contenant les jaunes blanchis. Fouettez 35 cl de crème liquide en chantilly et incorporez-la au mélange. Montez 2 blancs d'œuf en neige ferme. Incorporez-les à leur tour. Mettez la mousse une nuit au réfrigérateur.
- Le lendemain, préparez la pâte à crêpes. Dans une jatte, mélangez 100 g de farine, 40 g de cacao, 1 pincée de sel et 1 pincée de sucre. Incorporez peu à peu 2 œufs battus en omelette et 25 cl de lait. Filtrez la pâte obtenue à travers une passoire fine. Laissez-la reposer 1 heure.
- Dans une poêle beurrée et bien chaude, versez la pâte à l'aide d'une louche. Faites cuire les crêpes 2 minutes de chaque côté. Réservez-les 1 heure au frais.
- Garnissez les crêpes de mousse au chocolat et parsemez-les de 50 g de noisettes hachées. Roulez-les sur elles-mêmes. Mettez-les 2 heures au réfrigérateur.
- Pour servir, disposez 2 crêpes en forme de V sur chaque assiette. Taillez l'une des extrémités en biseau pour laisser apparaître la mousse. Décorez de copeaux de chocolat blanc et noir.

› CONSEIL

Confectionnez une crème anglaise parfumée à la vanille ou au café pour accompagner les cannelloni.
Préparez vous-même les copeaux de chocolat noir et blanc. Faites fondre à part les 2 chocolats. Versez les pâtes obtenues sur un marbre. À l'aide d'une spatule métallique, étalez très finement le chocolat fondu. Laissez refroidir. Lorsque le chocolat est figé, raclez doucement avec la spatule pour recueillir de fins copeaux.

Préparation : 15 minutes Congélation : 1 heure	Cuisson : 15 minutes	Réalisation : facile	Coût : bon marché	Vin conseillé : Banyuls rouge

Cœur fondant *au chocolat*

Ingrédients (pour 4 personnes)

- ✓ *70 g de chocolat*
- ✓ *2 œufs*
- ✓ *60 g de beurre*
- ✓ *60 g de sucre*
- ✓ *25 g de farine*
- ✓ *1 cuillère à soupe de lait*

› LA RECETTE

- Dans un bol, battez 2 œufs avec 60 g de sucre sans les faire blanchir. Hachez et faites fondre 70 g de chocolat au bain-marie. Lorsqu'il est fondu à cœur, ajoutez 60 g de beurre mou et mélangez. Tamisez 25 g de farine.
- Versez le mélange de chocolat et beurre sur les œufs et incorporez-le soigneusement à l'aide d'une cuillère en bois. Ajoutez la farine et 1 cuillerée à soupe de lait.
- Beurrez et farinez légèrement 4 petits moules ou ramequins. Versez la préparation dans les moules et mettez-les au congélateur pendant 1 heure.
- Préchauffez votre four à 210°C (thermostat 7) et enfournez les moelleux pour environ 10 minutes. Démoulez et servez bien chaud.

› VARIANTE

Réduisez la quantité de sucre jusqu'à 40 g et vous transformerez ce dessert en véritable délice de theobromine, la nourriture des dieux. Vous pouvez également incorporer dans chaque ramequin rempli de pâte au chocolat une petite cuillerée à soupe de pralines d'amandes, hachées grossièrement, pour un beau contraste de textures.

› CONSEIL

La cuisson est la phase essentielle de la réussite de ce dessert. Le passage au congélateur permet au cœur du gâteau de cuire moins vite que l'extérieur. Mais surveillez bien la cuisson, car certains fours chauffent de manière inégale : il faut changer les ramequins de place à mi-cuisson. Et surtout, servez-les dès la sortie du four pour profiter au mieux de leur cœur fondant.
Appliquez le principe de base de la décoration culinaire en recherchant les contrastes de couleurs : dressez sur le fondant une grappe de groseille avec une feuille de menthe, et pensez à saupoudrer l'assiette de cacao avant d'y démouler le gâteau.

Préparation : 1 heure | Cuisson : 15 minutes | Réalisation : facile | Coût : bon marché | Boisson conseillée : un thé à la menthe

Raviolis à la crème de châtaigne

Ingrédients (pour 4 personnes)

- 400 g de châtaignes cuites épluchées
- 100 g de chocolat noir
- 2 mandarines
- 2 œufs
- 300 g de farine
- 100 g de sucre semoule
- 80 g de miel d'acacia
- 5 cuillères à soupe d'huile d'olive
- 2 cuillères à soupe de lait
- sel

LA RECETTE

- Disposez les châtaignes épluchées dans une moulinette et réduisez-les en purée. Faites fondre lentement le chocolat au bain-marie. Râpez le zeste fin de 2 mandarines.
- Transvasez la purée de châtaignes dans un saladier. Versez dessus 40 g de miel et le chocolat fondu. Remuez à l'aide d'une fourchette. Versez 2 cuillerées à soupe de lait et la moitié du zeste râpé de mandarine. Mélangez et réservez.
- Préparez la pâte en versant dans un saladier 300 g de farine, 100 g de sucre et 1 pincée de sel. Creusez un puits au milieu et versez-y 2 œufs, 5 cuillerées à soupe d'huile d'olive et le zeste de mandarine restant. Mélangez jusqu'à obtention d'une pâte.
- Farinez généreusement le plan de travail. Étalez finement la pâte avec un rouleau à pâtisserie pour obtenir une plaque rectangulaire de 2 mm d'épaisseur. Bien éloignée du bord, déposez une première rangée de petits tas de farce à la châtaigne. Rabattez dessus la bordure de pâte laissée libre et découpez les raviolis avec un cercle. Recommencez jusqu'à épuisement de la pâte.
- Avec les dents d'une fourchette, crantez les raviolis. Faites chauffer de l'huile de friture et faites-les-y dorer. Égouttez-les sur du papier absorbant et dressez-les sur un plat. Arrosez-les de 40 g de miel et servez.

VARIANTE

Remplacez la crème de châtaignes par une farce confectionnée en mélangeant de la ricotta, du miel, du chocolat et des griottes.

CONSEIL

Décorez les raviolis avec du zeste de mandarine taillée en julienne et parsemez de noix concassées.
La mandarine, fruit succulent au parfum délicat, se trouve sur les étals du marché de janvier à avril. Optez pour des fruits lourds, à la peau dense, brillante et sans meurtrissures. À défaut de mandarine, utilisez clémentines ou oranges. Vous trouverez des châtaignes prêtes à l'emploi sous vide ou en conserve.

Préparation : 45 minutes | Réfrigération : 13 heures | Cuisson : 20 minutes | Réalisation : très délicate | Coût : bon marché | Vin conseillé : un Rasteau ou un Maury

Sphinx
au chocolat

Ingrédients *(pour 8 personnes)*

- 300 g de chocolat noir
- 180 g d'amandes en poudre
- 6 blancs d'œuf
- 180 g de sucre semoule
- 50 g de cacao amer
- 25 cl de crème fraîche
- 30 g de beurre
- 3 cuillères à soupe de farine

› LA RECETTE

- La veille, préparez la ganache. Hachez finement le chocolat noir. Dans une casserole, faites chauffer sur feu doux 25 cl de crème fraîche. Aux premiers frémissements, jetez le chocolat haché dedans. Laissez-le fondre en remuant. Retirez du feu et laissez refroidir entièrement. Réservez 12 heures au réfrigérateur.
- Le lendemain, préparez la pâte. Montez 6 blancs d'œuf en neige ferme. À mi-parcours, ajoutez 180 g de sucre semoule pour les meringuer. Les blancs montés, incorporez délicatement les amandes en poudre.
- Préchauffez votre four à 250°C (thermostat 8/9).
- Beurrez et farinez la plaque du four. Étalez dessus 2 disques de pâte à l'aide d'une poche à douille. Faites-les cuire 7 à 8 minutes au four et laissez-les refroidir.
- Faites ramollir la ganache au bain-marie sans cesser de remuer. Posez un disque de pâte à sphinx sur un carton rond de même diamètre. À l'aide d'une poche à douille, enduisez-le de ganache sur 2 cm d'épaisseur. Posez le second disque de pâte au-dessus, côté lisse à l'extérieur. Réservez 1 heure au réfrigérateur.
- Masquez entièrement le gâteau avec le restant de ganache. Saupoudrez-le de 50 g de cacao amer. Quadrillez la surface à l'aide d'une spatule en métal.

› CONSEIL

Fleuron du bocage normand, la crème fraîche d'Isigny se distingue par sa finesse et son onctuosité. Donnez-lui la préférence ! Choisissez un chocolat noir de qualité, riche en arôme et en cacao.

› TOUR DE MAIN

Étalez chaque disque de pâte à sphinx en partant du centre avec la poche à douille, puis en suivant le mouvement d'une spirale. Pour obtenir un cercle parfait, retournez le disque cuit sur une assiette et égalisez le tour avec un couteau.

Pavé
de chocolat fondant

Ingrédients (pour 4 personnes)

- 400 g de chocolat amer
- 60 g de poudre d'amandes
- 4 œufs + 2 jaunes
- 12,5 cl de lait
- 30 g de sucre
- 3 cuillères à soupe de beurre
- 2 cuillères à soupe de miel
- 1 gousse de vanille

› LA RECETTE

- Faites chauffer 12,5 cl de lait dans une casserole avec une gousse de vanille fendue en deux. Battez 2 jaunes d'œuf avec 2 cuillerées à soupe de miel, puis versez-y le lait chaud. Mélangez bien et faites cuire cette crème anglaise dans la casserole sur feu doux en mélangeant sans arrêt avec une cuillère en bois jusqu'à ce que la sauce nappe le dos de la cuillère.
- Préchauffez votre four à 150°C (thermostat 5).
- Clarifiez le beurre. Faites fondre le chocolat dans un bain-marie. À l'aide d'un fouet, ajoutez 2 cuillerées à soupe de beurre fondu, 1 œuf entier, et 3 jaunes d'œuf un par un. Ajoutez 30 g de sucre et la poudre d'amandes.
- Montez 3 blancs d'œuf en neige et à l'aide d'une spatule en bois, incorporez-les doucement à la préparation au chocolat. Tapissez un petit moule à cake de papier sulfurisé, beurrez-le et versez-y la préparation.
- Placez le moule à cake dans un plat à gratin rempli à moitié d'eau. Enfournez le pavé pendant 1h30. Démoulez à chaud. Servez sur des assiettes garnies de crème anglaise au miel.

› CONSEIL

Il n'y a pas de mystère : la qualité de votre chocolat fera la qualité de ce dessert. Choisissez un très bon chocolat, très amer, à 70% de cacao. Pour le miel, c'est votre goût qui décide, mais un miel subtil, tel un miel d'acacia ou un miel de fleur d'oranger, met plus en valeur le chocolat, tandis qu'un miel de châtaigne renforcera son arôme.

› TOUR DE MAIN

Tapissez le fond de l'assiette de la crème anglaise au miel. Posez une tranche de fondant ou deux un peu en biais, puis ajoutez petits dés de kiwi, quartiers de mandarines pelées à vif, groseilles. Saupoudrez un coin de l'assiette de cacao ou de cannelle. Et, pour le petit plus, parsemez de quelques pignons de pin grillés.

Préparation : 50 minutes | Cuisson : 25 minutes | Réalisation : assez délicate | Coût : assez cher | Vin conseillé : un Maury

Cake moelleux *au chocolat*

Ingrédients (pour 6 personnes)

- ✓ 8 tranches d'oranges confites
- ✓ 100 g de bâtonnets d'écorces d'oranges confites
- ✓ 200 g de chocolat noir
- ✓ 4 œufs
- ✓ 175 g de sucre semoule
- ✓ 200 g de beurre
- ✓ 60 g de farine fluide
- ✓ 2 cuillères à soupe de Grand-Marnier
- ✓ 1 pincée de sel

› LA RECETTE

- Préchauffez votre four à 180°C (thermostat 6).
- Faites fondre 200 g de chocolat au bain-marie. Dès que les carrés sont mous, ajoutez 200 g de beurre en petits morceaux. Laissez-les fondre quelques instants et mélangez à la cuillère en bois jusqu'à obtention d'une pâte lisse. Retirez du feu.
- Dans une jatte, fouettez 4 jaunes d'œuf et 175 g de sucre semoule jusqu'à ce que le mélange blanchisse. Ajoutez 60 g de farine puis incorporez la pâte de chocolat en fouettant la préparation pour la rendre bien homogène. Parfumez avec 2 cuillerées à soupe de Grand-Marnier.
- Beurrez et chemisez un moule à cake de papier sulfurisé. Disposez 4 tranches d'oranges confites le long de chaque paroi. Réservez au frais.
- Taillez 100 g de bâtonnets d'écorces d'oranges confites en petits dés. Montez 4 blancs d'œuf en neige ferme avec 1 pincée de sel. Incorporez-les à la préparation au chocolat. Ajoutez délicatement les dés confits. Transvasez la mousse dans le moule à cake.
- Glissez le moule dans le four. Laissez cuire pendant 25 minutes puis démoulez le gâteau sur une grille. Laissez-le refroidir avant de le découper en tranches.

› CONSEIL

Vendues très cher en confiserie, les oranges confites peuvent être préparées à la maison. L'avant-veille, taillez 3 oranges à peau fine en tranches de 3 millimètres d'épaisseur. Faites bouillir 600 g de sucre et 60 cl d'eau. Versez le sirop sur les oranges. Couvrez et laissez macérer. Le lendemain, égouttez les oranges. Faites bouillir le sirop en ajoutant 200 g de sucre. Versez sur les oranges et laissez macérer une nuit.

› TOUR DE MAIN

Beurrez le moule à cake. Plaquez une bande de papier sulfurisé sur toute la longueur puis beurrez de nouveau. Plaquez une seconde bande de papier dans l'autre sens, sur toute la largeur. Beurrez légèrement.

Préparation : 45 minutes
Congélation : 12 heures | Cuisson : 20 minutes | Réalisation : assez délicate | Coût : bon marché | Vin conseillé : un Banyuls ou un Maury

Gâteau
au chocolat fondant

Ingrédients (pour 6 personnes)

- ✓ 250 g de chocolat noir
- ✓ 250 g de beurre
- ✓ 210 g de sucre semoule
- ✓ 140 g de farine
- ✓ 6 œufs
- ✓ 4 oranges non traitées
- ✓ 1 sachet de levure chimique
- ✓ 6 brins de menthe fraîche

› LA RECETTE

- Faites fondre 250 g de beurre au bain-marie. Ajoutez 250 g de chocolat cassé en gros morceaux. Laissez-le fondre en remuant au fouet à main jusqu'à obtention d'une pâte lisse et onctueuse.
- Hors du feu, incorporez 160 g de sucre semoule. Ajoutez les 6 œufs un par un, en mélangeant au fouet. Versez petit à petit 140 g de farine et 1 sachet de levure chimique. Mélangez bien.
- Beurrez et farinez 6 ramequins. Versez-y la pâte au chocolat. Recouvrez les moules de film alimentaire. Mettez-les pendant 12 heures au congélateur.
- Brossez 4 oranges sous l'eau chaude et essuyez-les. Prélevez leur zeste. Taillez-le en fine julienne. Préparez un sirop en faisant bouillir 50 g de sucre semoule et 30 cl d'eau. Plongez-y la julienne d'oranges. Laissez frémir pendant 10 minutes puis retirez du feu et laissez refroidir.
- Préchauffez votre four à 180°C (thermostat 6).
- Glissez les moules dans le four et faites cuire les gâteaux pendant 10 à 15 minutes jusqu'à ce qu'ils soient gonflés en surface. Démoulez-les. Dressez-les dans les assiettes, entourés de sauce à l'orange. Décorez d'un brin de menthe fraîche et servez aussitôt.

› TOUR DE MAIN

Pour réussir cette recette, il est important de tamiser ensemble la farine et la levure. Emplissez les moules aux 3/4 de leur hauteur, pour permettre aux gâteaux de gonfler en cours de cuisson.
Parfumez la pâte au chocolat avec 1 cuillerée à soupe de liqueur d'orange.

› CONSEIL

Pour la sauce, choisissez des oranges « navel ». Possédant peu de pépins, cette variété est reconnaissable à son écorce épaisse, rugueuse, facile à peler. Sa chair juteuse se prête idéalement à la confection des sauces. Récoltée de novembre à février, cette orange doit être brillante et lourde. Peu fragile, elle se conserve plusieurs jours à température ambiante.

Préparation : 1 heure
Réfrigération : 1 heure 30 | Cuisson : 15 minutes | Réalisation : très délicate | Coût : assez cher | Vin conseillé : un Maury ou un Banyuls

Pavé aux deux mousses *au chocolat*

Ingrédients (pour 4 personnes)

- 100 g de gavottes (crêpes dentelles)
- 90 g de chocolat au lait
- 80 g de fondant au praliné
- 50 g de chocolat noir
- 4 œufs
- 140 g de sucre
- 40 cl de crème liquide
- 5 g de beurre
- 4 g d'extrait de réglisse
- 2 feuilles de gélatine
- 4 physalis

LA RECETTE

- Faites fondre au bain-marie 80 g de fondant au praliné, 10 g de chocolat noir et 5 g de beurre. Incorporez-y les gavottes brisées en paillettes. Étalez ce mélange sur une feuille de papier sulfurisé (sur 0,5 cm d'épaisseur). Faites durcir ce fond 10 minutes au congélateur.
- Préparez la mousse à la réglisse : fouettez 2 jaunes d'œuf et 50 g de sucre semoule jusqu'à ce que le mélange blanchisse. Incorporez 2 feuilles de gélatine préalablement trempées dans l'eau froide et fondues dans 2 cuillerées à soupe d'eau chaude. Parfumez avec 4 g d'extrait de réglisse.
- Faites cuire 40 g de sucre et 10 cl d'eau à 120°C. Simultanément, montez 2 blancs d'œuf en neige ferme. Versez le sirop cuit sur les blancs d'œuf pour les meringuer. Continuez de battre jusqu'au refroidissement.
- Incorporez la meringue à la mousse précédente. Ajoutez-y 20 cl de crème liquide montée en chantilly. Étalez cette mousse sur le fond au praliné. Laissez durcir 10 minutes au congélateur.
- Préparez la mousse chocolat au lait : montez 20 cl de crème liquide en chantilly. Montez 2 jaunes d'œuf au batteur électrique et versez-y 50 g de sucre cuit à 110°C. Refroidissez ce sabayon au batteur électrique. Faites fondre au bain-marie 90 g de chocolat au lait et 40 g de chocolat noir.
- Mélangez le sabayon aux chocolats fondus. Incorporez-y délicatement la chantilly. Versez le tout sur la mousse à la réglisse figée. Congelez 10 minutes puis réfrigérez pendant 1 heure. Façonnez 4 pavés bien réguliers. Surmontez-les d'une physalis.

CONSEIL

Servez une crème anglaise parfumée à la réglisse en accompagnement.
À défaut d'extrait de réglisse liquide, procurez-vous des bâtons de réglisse (en pharmacie) et frottez-les sur une râpe à muscade. Parfumez la mousse avec la poudre recueillie.

TOUR DE MAIN

Munissez-vous d'un thermomètre pour mesurer la cuisson du sucre.

Préparation : 50 minutes
Réfrigération : 24 heures

Cuisson : 15 minutes

Réalisation : assez délicate

Coût : assez cher

Vin conseillé : un Vouvray ou un Pommeau

Mozart
aux pommes

Ingrédients (pour 6 personnes)

- 200 g de chocolat noir
- 200 g de beurre
- 25 cl de crème anglaise
- 350 g de pâte sablée
- 3 pommes acidulées
- 25 g de sucre en poudre
- 2 pincées de cannelle
- 1 cuillère à soupe de cacao amer

LA RECETTE

- Cassez le chocolat. Faites-le fondre au bain-marie avec 175 g de beurre coupé en petits morceaux. Mélangez bien jusqu'à obtention d'une pâte lisse et onctueuse. Laissez refroidir puis incorporez 25 cl de crème anglaise tout en liant au fouet. Réservez au réfrigérateur.
- Préchauffez votre four à 180°C (thermostat 6).
- Formez 2 boules de pâte de taille identique. Sur un plan de travail fariné, étalez-les en 2 disques de 18 cm de diamètre. Posez-les sur une plaque tapissée de papier cuisson. Faites-les cuire 15 minutes au four.
- Entre-temps, pelez 3 pommes. Coupez-les en petits dés réguliers. Faites-les sauter à la poêle avec 25 g de beurre. Ajoutez 25 g de sucre et 2 pincées de cannelle pour les caraméliser.
- Montez le gâteau. Glissez l'un des sablés au fond d'un moule à paroi amovible. Versez la moitié de la crème au chocolat, ajoutez les pommes caramélisées puis complétez avec le reste de crème. Couvrez de l'autre sablé. Mettez au réfrigérateur pendant 24 heures.
- Pour servir, posez le gâteau sur un plat. Trempez la lame d'un couteau dans de l'eau chaude. Faites-la glisser à l'intérieur du moule puis ouvrez la charnière et retirez la paroi. Poudrez la surface de cacao amer.

TOUR DE MAIN

Les moules à parois amovibles conviennent tout particulièrement à la préparation des cheese-cakes, entremets mousseux dont sont très friands les Britanniques et les Américains. Ils permettent également de réaliser des desserts raffinés comme les bavarois et les « miroirs ». À défaut, on peut utiliser un cercle à entremets, sorte d'emporte-pièce géant sans fond, à bordure haute. Mais c'est un accessoire plus coûteux.

CONSEIL

Pour plus de fondant et une meilleure onctuosité, choisissez un chocolat à pâtisser, de préférence corsé (teneur en cacao 64 % minimum). On trouve à l'heure actuelle d'excellents produits, étudiés pour fondre aussi bien au four à micro-ondes que dans un bain-marie classique. Faciles à utiliser, ils sauront séduire les « chocolatophiles » ! Décorez le centre du gâteau de fines lamelles de pommes, d'écorces de cannelle ou de petits fruits rouges.

Préparation : 20 minutes
Congélation : 2 heures | Cuisson : 10 minutes | Réalisation : assez délicate | Coût : bon marché | Vin conseillé : un Rivesaltes

Parfait au gianduja *et sa craqueline*

Ingrédients (pour 6 personnes)

- 300 g de gianduja noisettes
- 100 g d'amandes émondées
- 115 g de sucre
- 37,5 cl de lait
- 2 jaunes d'œuf
- 20 cl de crème liquide
- 4 cuillères à soupe de whisky
- 1 gousse de vanille

› LA RECETTE

- Coupez le gianduja en tout petits morceaux. Faites bouillir le lait et versez-le sur le gianduja. Attendez 3 minutes et mélangez bien. Ajoutez 4 cuillerées à soupe de whisky.
- Montez la crème en chantilly. Incorporez-la avec délicatesse au gianduja. Tapissez 6 ramequins de film alimentaire et versez-y le mélange. Lissez et mettez au congélateur pendant au moins 2 heures.
- Huilez une plaque. À feu vif, faites fondre 100 g de sucre avec 3 cuillerées à soupe d'eau. Laissez cuire en surveillant jusqu'à ce que le caramel prenne une jolie coloration brun clair. Ajoutez les amandes émondées et versez rapidement le mélange sur la plaque.
- Faites chauffer 12,5 cl de lait dans une casserole avec une gousse de vanille fendue en deux. Battez 2 jaunes d'œuf avec 15 g de sucre, puis versez dessus le lait chaud en fouettant. Transvasez la crème anglaise dans la casserole et faites-la cuire sur feu doux en mélangeant sans arrêt avec une cuillère en bois. Filtrez et laissez refroidir.
- Pour servir, démoulez les parfaits sur des assiettes. Versez un cordon de crème anglaise autour et décorez de morceaux de craqueline refroidie.

› CONSEIL

Pensez à faire dorer les amandes au four à 180°C (thermostat 6) pendant 5 minutes pour en exhaler toute la saveur avant de les incorporer au caramel.
Pour faire des décorations en chocolat, fabriquez un petit cornet en découpant un triangle à angle droit dans du papier sulfurisé. Prenez-le entre le majeur et l'index et enroulez-le. Pliez le coin qui dépasse pour éviter que le cornet ne se défasse. Faites fondre 50 g de chocolat noir de couverture au bain-marie, versez-le dans le cornet, puis coupez le bout pour laisser s'écouler le chocolat. Dessinez des arabesques de chocolat sur une feuille de papier sulfurisé. Mettez à refroidir au réfrigérateur.

› TOUR DE MAIN

Pour bien monter la crème en chantilly, elle doit être bien froide : placez le bol sur des glaçons puis fouettez la crème.

Préparation : 1 heure 30	Cuisson : 15 minutes	Réalisation : assez délicate	Coût : assez cher	Vin conseillé : un Banyuls ou un Gewurztraminer

Feuillantines pralinées
au coulis de caramel

Ingrédients (pour 6 personnes)

- *450 g de chocolat noir à pâtisser*
- *3 jaunes d'œuf*
- *200 g de sucre en morceaux*
- *60 g de sucre en poudre*
- *30 g de pralin*
- *25 cl de crème chantilly*
- *25 cl de lait*
- *15 cl de crème liquide*
- *3 feuilles de gélatine alimentaire*
- *1 gousse de vanille*
- *2 cuillères à soupe de rhum ambré*
- *6 noisettes mondées*
- *sucre glace*

› LA RECETTE

- Préparez les feuillantines. Cassez le chocolat en petits morceaux et faites-le fondre au bain-marie. Mélangez jusqu'à obtention d'une pâte lisse et laissez refroidir un peu.
- Pendant ce temps, dessinez 18 cercles de 7 cm sur du papier sulfurisé. Évidez-les et versez le chocolat sur le papier. Étalez à la spatule pour bien remplir les cercles. Laissez bien refroidir et décollez avec précaution.
- Préparez une crème anglaise. Faites chauffer 25 cl de lait avec la gousse de vanille fendue en deux. Battez 3 jaunes d'œuf avec 60 g de sucre en poudre jusqu'à ce que le mélange blanchisse. Retirez la gousse de vanille et versez sur les œufs le lait chaud tout en fouettant vigoureusement. Transvasez à nouveau dans la casserole et faites chauffer en remuant jusqu'à frémissement. Stoppez la cuisson avant ébullition.
- Faites ramollir les feuilles de gélatine dans de l'eau froide. Lorsque la crème anglaise est refroidie, incorporez la gélatine, puis le pralin, puis très délicatement 25 cl de crème chantilly. Placez cette mousse au réfrigérateur.
- Torréfiez les noisettes en les faisant griller quelques minutes à sec dans une poêle ou sous le gril du four.
- Préparez le caramel en faisant cuire sur feu doux le sucre en morceaux avec une cuillerée à soupe d'eau. Lorsque le caramel blondit, arrêtez le feu sous la casserole et versez 15 cl de crème liquide pour en stopper la cuisson. Ajoutez 2 cuillerées à soupe de rhum et mélangez.
- Placez un disque de chocolat dans chaque assiette, garnissez-le de mousse pralinée à l'aide d'une poche à douille et posez un second disque recouvert de mousse. Terminez par un troisième disque, poudrez de sucre glace, décorez d'une noisette et entourez de coulis au caramel.

› CONSEIL

Ne manipulez pas les disques de chocolat, très fins et très fragiles, car ils fondraient dans vos doigts ou se briseraient.

› TOUR DE MAIN

Si vous en possédez une, servez-vous d'une plaque en marbre pour étaler le chocolat, car elle reste très froide. À défaut, refroidissez le plan de travail avec des glaçons avant de commencer et travaillez dans une pièce fraîche.

Préparation : 1 heure | Cuisson : 10 minutes | Réalisation : très délicate | Coût : assez cher | Vin conseillé : Champagne

Bûche
au whisky

Ingrédients (pour 8 personnes)

Pour la bûche :

- ✓ 4 œufs + 2 jaunes d'œuf
- ✓ 100 g de sucre semoule
- ✓ 100 g de farine + 75 g de beurre
- ✓ 2 cuillères à soupe de cacao fort en poudre
- ✓ 200 g de chocolat blanc
- ✓ 4 cuillères à soupe de crème fraîche
- ✓ 25 g de sucre glace
- ✓ 1 cuillère à soupe de whisky
- ✓ sel

Pour le glaçage :

- ✓ 150 g de chocolat à pâtisser
- ✓ 30 g de beurre
- ✓ 2 cuillères à soupe de sucre glace
- ✓ 2 cuillères à soupe de whisky

› LA RECETTE

- Préchauffez votre four à 210 °C (thermostat 7).
- Préparez la génoise au chocolat. Fouettez 4 jaunes d'œufs avec 100 g de sucre semoule jusqu'à ce que le mélange blanchisse. Ajoutez 100 g de farine tamisée et les 2 cuillerées à soupe de cacao en poudre. Mélangez. Battez en neige très ferme les 4 blancs d'œuf avec une pincée de sel. Incorporez délicatement les blancs en neige à la préparation en soulevant.
- Sur une plaque de cuisson, étalez une feuille de papier sulfurisé beurré. Versez la pâte sur la feuille et faites cuire 10 minutes. Dès la sortie du four, rectifiez avec un couteau les bords de la génoise pour obtenir un rectangle bien net (conservez les chutes de biscuit). Posez-la sur un torchon à peine humide et roulez-la avec le torchon très délicatement sur elle-même. Laissez la génoise refroidir.
- Préparez la crème. Faites fondre au bain-marie le chocolat blanc. Fouettez 2 jaunes d'œuf avec 25 g de sucre glace. Ajoutez 75 grammes de beurre mou en petits morceaux, 4 cuillerées à soupe de crème fraîche et 1 cuillerée à soupe de whisky. Incorporez le chocolat fondu et mélangez en fouettant.
- Déroulez très doucement la génoise au chocolat et étalez la crème au chocolat blanc sur toute sa surface à l'intérieur. Roulez à nouveau la génoise avec précaution, étalez la crème aux deux extrémités pour qu'elle cache la spirale. Dans les chutes de génoise, taillez quelques petits morceaux et enfoncez-les aux extrémités dans la crème. Placez la bûche au réfrigérateur pendant au moins 2 heures.
- Préparez le glaçage. Faites fondre au bain-marie le chocolat noir. Incorporez 30 g de beurre mou en petits morceaux et les 2 cuillerées à soupe de sucre glace délayées dans 2 cuillerées à soupe de whisky. Nappez rapidement, avant que ce mélange ne durcisse, la bûche. À l'aide d'une spatule, créez des aspérités dans le glaçage pour rappeler une vraie bûche.

› TOUR DE MAIN

Les phases délicates de la réalisation de cette recette sont toutes celles où l'on manipule la génoise, qui peut se briser très facilement. Ayez toujours la main légère lorsque vous l'enroulez ou la déroulez.

Préparation : 1 heure | Cuisson : 15 minutes | Réalisation : facile | Coût : bon marché | Vin conseillé : Jurançon ou Sainte-Croix-du-Mont

Papillotes de poire
sauce chocolat

Ingrédients (pour 4 personnes)

- 2 poires
- 4 feuilles de brik
- 125 g de chocolat noir + 8 carrés
- 150 g de sucre semoule
- 80 g de beurre
- 4 cuillères à soupe de pop-corn sucré
- 60 g de cacahuètes non salées
- 60 g de pistaches décortiquées
- le jus d'1/2 citron
- 1/2 gousse de vanille
- 2 pincées de vanille moulue

› LA RECETTE

- Dans une casserole, portez à ébullition 20 cl d'eau avec 150 g de sucre semoule et 1/2 gousse de vanille. Pelez les poires, coupez-les en lamelles et arrosez-les avec le jus d'1/2 citron. Plongez-les dans le sirop bouillant, pochez-les 5 minutes puis laissez-les refroidir. Hachez les cacahuètes et les pistaches. Faites fondre 40 g de beurre.
- Préchauffez votre four à 180°C (thermostat 6).
- Au pinceau, badigeonnez les feuilles de brik de beurre fondu. Égouttez les poires. Au centre de chaque feuille, répartissez les poires, les cacahuètes et les pistaches. Ajoutez 2 carrés de chocolat et 1 cuillerée à soupe de pop-corn. Fermez les papillotes et liez-les avec 2 brins de ficelle.
- Rangez les 4 papillotes dans un plat à four. Badigeonnez-les avec le reste de beurre fondu. Glissez-les dans le four et laissez-les dorer environ 10 minutes.
- Entre-temps, faites fondre 125 g de chocolat noir au bain-marie avec 2 cuillerées à soupe d'eau. Hors du feu, incorporez 40 g de beurre en mélangeant doucement jusqu'à obtention d'une sauce lisse. Parfumez avec 2 pincées de vanille moulue.
- Disposez les papillotes sur les assiettes, entourées de sauce au chocolat chaud. Servez aussitôt.

› CONSEIL

En été, choisissez des poires mûres à point (williams, jules guyot). En automne et en hiver, achetez des fruits encore fermes et verts et gardez-les quelques jours dans le bas de votre réfrigérateur. Car quelle que soit la variété (conférence, doyenné du comice ou passe-crassane), les poires de fin d'année ont besoin de froid pour poursuivre au mieux leur maturation ! Doublez les papillotes en posant 2 feuilles de brik l'une sur l'autre, toutes deux badigeonnées de beurre fondu : la pâte ne sera pas détrempée et les papillotes seront d'autant plus croustillantes.

Préparation : 20 minutes | *Cuisson : 5 minutes* | *Réalisation : facile* | *Coût : assez cher* | *Vin conseillé : un Maury*
Réfrigération : 30 minutes

Griottines *au chocolat*

Ingrédients (pour 4 personnes)

- ✓ *40 griottes*
- ✓ *10 feuilles de pâte filo*
- ✓ *100 g de chocolat de couverture*
- ✓ *10 cl de crème fleurette*
- ✓ *75 g de beurre*
- ✓ *20 g de glucose*
- ✓ *sucre glace*

› LA RECETTE

- Versez 10 cl de crème fleurette dans une casserole. Portez-la à ébullition. Hors du feu, versez le chocolat de couverture cassé en petits morceaux dans la crème bouillante. Ajoutez 25 g de beurre en parcelles et 20 g de glucose. Laissez fondre quelques instants.
- Battez 1 œuf. Lorsque le chocolat est parfaitement fondu, remuez à l'aide d'une spatule afin d'obtenir une pâte parfaitement lisse. Ajoutez l'œuf battu et mélangez soigneusement. Laissez refroidir la ganache 30 minutes.
- Préchauffez votre four à 210°C (thermostat 7).
- Découpez les feuilles de pâte filo en 20 bandes de 5 cm de large. Faites fondre 50 g de beurre et clarifiez-le.
- Badigeonnez chaque bande de pâte filo de beurre clarifié avec un pinceau. Déposez au centre de chacune 1 petite cuillerée de ganache solidifiée et placez dessus 2 griottes. Refermez la feuille comme une papillote.
- Déposez les griottines sur une plaque. Enfournez pour 5 minutes environ, puis saupoudrez de sucre glace et servez dès la sortie du four.

› CONSEIL

Servez avec une quenelle de glace au chocolat et de l'orange en marmelade. Pour la confectionner, coupez 500 g de belles oranges non traitées et lavées en tranches fines (récupérez le jus écoulé pendant cette opération. Faites-les cuire 15 minutes dans un sirop bouillant confectionné à l'aide de 50 cl d'eau et 700 g de sucre. Égouttez, mixez légèrement, détendez avec le jus des oranges et ajoutez quelques gouttes de Grand-Marnier selon votre goût.
Pour que la ganache soit bien prise, pensez à la préparer la veille.

› TOUR DE MAIN

Pour clarifier du beurre, faites-le fondre puis éliminez l'écume qui s'est formée en surface. Versez-le ensuite très doucement dans un récipient en laissant le dépôt blanc au fond de la casserole. Jetez ce dépôt.

Préparation : 30 minutes
Réfrigération : 12 heures

Cuisson : 50 minutes

Réalisation : facile

Coût : bon marché

Vin conseillé : un Gewurztraminer « vendanges tardives »

Mousse au chocolat

aux poires confites

Ingrédients (pour 4 personnes)

- ✓ *200 g de chocolat noir*
- ✓ *2 poires*
- ✓ *6 œufs*
- ✓ *45 g de beurre*
- ✓ *1 cuillère à soupe d'eau-de-vie de poire*
- ✓ *3 cuillères à soupe de sucre en poudre*
- ✓ *1 cuillère à soupe de jus de citron*
- ✓ *2 pincées de gingembre moulu*

› LA RECETTE

- Pelez 2 poires et coupez-les en petits dés. Mettez-les dans une casserole avec 1 cuillerée à soupe de jus de citron, 2 cuillerées à soupe de sucre en poudre et 15 g de beurre en parcelles. Ajoutez 2 pincées de gingembre moulu. Faites cuire sur feu moyen jusqu'à ce que les poires soient confites (environ 40 minutes). Laissez-les refroidir entièrement.
- Préparez la mousse : faites fondre 200 g de chocolat au bain-marie et, lorsqu'il devient mou, ajoutez 30 g de beurre en parcelles. Remuez à la cuillère en bois jusqu'à obtention d'une pâte lisse.
- Hors du feu mais toujours au bain-marie, incorporez un par un les 6 jaunes d'œuf au chocolat fondu en mélangeant vivement au fouet. Parfumez avec 1 cuillerée à soupe d'eau-de-vie de poire.
- Montez les 6 blancs d'œuf en neige ferme avec 1 pincée de sel. À l'aide d'une spatule en caoutchouc, incorporez-les délicatement à la préparation précédente.
- Répartissez la mousse dans 4 coupelles. Décorez avec les dés de poires confites. Faites prendre 12 heures au réfrigérateur.

› CONSEIL

Choisissez des poires se tenant bien à la cuisson (williams ou comices). Évitez les fruits trop mûrs. Procurez-vous des œufs très frais (8 jours après la date de ponte, ils n'ont plus le droit à la mention « extra »).
Proposez des biscuits au gingembre ou des tuiles aux amandes.

Préparation : 30 minutes
Réfrigération : 2 heures

Cuisson : 12 minutes

Réalisation : facile

Coût : bon marché

Vin conseillé : Maury ou Banyuls

Darioles au chocolat *et à l'orange*

Ingrédients (pour 4 personnes)

- ✓ *100 g de chocolat noir*
- ✓ *1 orange*
- ✓ *115 g de beurre*
- ✓ *3 œufs + 3 jaunes*
- ✓ *60 g de sucre semoule*
- ✓ *75 g de farine tamisée*
- ✓ *4 cuillères à soupe de cassonade*
- ✓ *1 pincée de sel*

› LA RECETTE

- Beurrez soigneusement 4 moules à darioles avec 15 g de beurre. Poudrez-les de cassonade (1 cuillerée à soupe par moule). Réservez au réfrigérateur.
- Faites fondre le chocolat au bain-marie. Ajoutez 100 g de beurre en parcelles. Mélangez à la cuillère en bois jusqu'à obtention d'une crème lisse. Laissez tiédir hors du feu.
- Râpez finement le zeste d'une orange et incorporez-le au chocolat fondu. Dans une jatte, fouettez 3 œufs entiers et 3 jaunes d'œufs avec 1 pincée de sel et 60 g de sucre semoule. Lorsque le mélange devient mousseux, intégrez peu à peu 75 g de farine.
- Incorporez doucement le chocolat fondu au mélange précédent. Versez-le dans les moules, aux trois quarts de leur hauteur. Gardez-les pendant 2 heures au réfrigérateur.
- Préchauffez votre four à 240°C (thermostat 8).
- Posez les moules sur une plaque et glissez-les dans le four. Faites-les cuire pendant 12 minutes.
- Démoulez les darioles dès la sortie du four. Servez-les tièdes.

› CONSEIL

Faites fondre le chocolat à feu extrêmement doux dans une casserole à revêtement antiadhésif. Vous éviterez ainsi d'avoir à mettre une jatte au bain-marie.
À défaut de moules à darioles, utilisez des ramequins individuels à bords assez hauts, ou des moules à muffins.

Préparation : 1 heure
Réfrigération : 1 heure

Cuisson : 25 minutes

Réalisation : assez délicate

Coût : bon marché

Vin conseillé : Rasteau ou Maury

Île coco-choco

Ingrédients (pour 4 personnes)

- *150 g de chocolat noir*
- *50 g de chocolat au lait*
- *6 œufs*
- *75 cl de lait*
- *150 g de cassonade*
- *40 g de sucre semoule*
- *40 g de pépites de chocolat*
- *60 g de noix de coco râpée*
- *1 cuillère à café d'extrait de vanille liquide*
- *beurre, sel, copeaux de chocolat*

› LA RECETTE

- Préparez la sauce au chocolat : faites chauffer 75 cl de lait dans une casserole. Cassez 150 g de chocolat noir et 50 g de chocolat au lait en petits morceaux. Dans une jatte, fouettez 6 jaunes d'œuf et 150 g de cassonade. Versez dessus le lait bouillant en fouettant.
- Transvasez le mélange dans la casserole. Faites épaissir quelques minutes sur feu doux sans cesser de remuer et sans porter à ébullition.
- Hors du feu, incorporez le chocolat. Laissez fondre en remuant. Filtrez la sauce dans une passoire fine. Parfumez avec 1 cuillerée à café d'extrait de vanille liquide. Laissez refroidir puis mettez 1 heure au moins au réfrigérateur.
- Préchauffez votre four à 180°C (thermostat 6). Torréfiez 60 g de noix de coco râpée dans une poêle antiadhésive. Beurrez et saupoudrez de sucre semoule le fond et la paroi d'un moule à soufflé de 18 cm de diamètre.
- Fouettez 6 blancs d'œuf au batteur électrique avec 1 pincée de sel. Lorsqu'ils commencent à durcir, ajoutez 40 g de sucre semoule. Continuez de battre jusqu'à obtention d'une meringue bien ferme. À la spatule, incorporez délicatement 40 g de pépites de chocolat et 40 g de noix de coco torréfiée.
- Emplissez le moule avec la meringue. Faites cuire l'île flottante au four pendant 25 minutes au bain-marie. Laissez-la refroidir sur une grille.
- Versez la sauce au chocolat dans un plat creux. Démoulez l'île flottante et posez-la au centre de la crème. Poudrez la surface de 20 g de noix de coco torréfiée. Décorez de copeaux de chocolat. Servez frais.

› VARIANTE

Emplissez le moule à charlotte avec précaution, en tassant peu à peu la meringue à l'aide d'une spatule. En fin d'opération, tapez le fond du moule contre le plan de travail, pour éviter les trous d'air.

› CONSEIL

Placez la sauce au chocolat dans un bac d'eau glacée pour la faire refroidir plus rapidement.

Préparation : 40 minutes
Réfrigération : 3 heures | Cuisson : 5 minutes | Réalisation : assez délicate | Coût : assez cher | Vin conseillé : un petit verre de kirsch

Charlotte aux 2 chocolats

Ingrédients (pour 8 personnes)

- ✓ 1 cake à la vanille
- ✓ 200 g de fruits confits mélangés
- ✓ 100 g de chocolat noir
- ✓ 75 g de chocolat blanc
- ✓ 5 jaunes d'œuf
- ✓ 50 cl de lait
- ✓ 50 cl de crème double
- ✓ 150 g de sucre
- ✓ 15 cl de kirsch
- ✓ 7 feuilles de gélatine
- ✓ 1 pincée de vanille en poudre

› LA RECETTE

- Tranchez le cake, imbibez les tranches avec 10 cl de kirsch et tapissez-en le moule. Hachez finement les fruits confits et faites-les macérer dans 5 cl de kirsch. Faites tremper 7 feuilles de gélatine dans de l'eau froide.
- Faites fondre séparément 75 g de chocolat noir et 75 g de chocolat blanc au bain-marie. Portez 50 cl de lait à ébullition. Battez 5 jaunes d'œuf avec 150 g de sucre. Versez le lait dessus petit à petit en fouettant.
- Faites cuire cette crème anglaise doucement en remuant continuellement avec une cuillère en bois jusqu'à ce que la crème nappe le dos de la cuillère.
- Essorez les feuilles de gélatine et incorporez-les à la crème anglaise chaude en remuant jusqu'à ce que la gélatine soit complètement dissoute. Filtrez la crème, divisez-la en deux.
- Incorporez le chocolat noir fondu dans une moitié de la crème et le chocolat blanc dans l'autre moitié. Ajoutez à cette dernière 1 à 2 cuillerées à soupe de fruits confits. Montez 50 cl de crème en chantilly avec 1 pincée de vanille et incorporez-en la moitié dans chacune des crèmes au chocolat.
- Versez la préparation au chocolat noir dans le moule à charlotte, mettez au froid pour la faire prendre, puis versez la préparation au chocolat blanc. Couvrez et réfrigérez pendant au moins 3 heures. Démoulez et décorez de fruits confits au kirsch et de copeaux de chocolat (25 g).

› TOUR DE MAIN

Incorporez la crème montée au moment où la gélatine commence à faire épaissir la préparation mais avant qu'elle soit prise. Organisez-vous : faites épaissir la crème au chocolat noir sur un bol d'eau glacée, incorporez la crème anglaise, versez dans le moule et faites prendre au congélateur environ 10 minutes, puis complétez avec la crème au chocolat blanc. Pour un démoulage facile, tapissez le moule de film plastique.

› CONSEIL

Ne faites pas trop cuire la crème anglaise, elle pourrait devenir granuleuse.

Préparation : 45 minutes | *Cuisson : 30 minutes* | *Réalisation : assez délicate* | *Coût : bon marché* | *Vin conseillé : Vouvray ou Montlouis*

Gâteau de Noël
au chocolat

Ingrédients (pour 6 à 8 personnes)

- ✓ *150 g de chocolat noir*
- ✓ *80 g de confiture de noix de coco*
- ✓ *60 g de noix de coco râpée*
- ✓ *4 œufs*
- ✓ *100 g de beurre*
- ✓ *100 g de sucre semoule*
- ✓ *75 g de farine*
- ✓ *3 cuillères à soupe de rhum ambré*
- ✓ *1 cuillère à soupe de levure chimique*
- ✓ *sucre glace, cacao en poudre*

› LA RECETTE

- Préchauffez votre four à 180°C (thermostat 6).
- Faites fondre 150 g de chocolat noir au bain-marie. Lorsque les carrés deviennent mous, ajoutez 90 g de beurre en petits morceaux. Mélangez doucement à la cuillère en bois jusqu'à obtention d'une pâte lisse.
- Dans une jatte, fouettez 4 œufs avec 100 g de sucre et 1 pincée de sel. Versez-y la pâte de chocolat et mélangez soigneusement au fouet. Incorporez peu à peu 60 g de noix de coco râpée, 75 g de farine tamisée et 1 cuillerée à soupe de levure chimique. Parfumez avec 1 cuillerée à soupe de rhum ambré.
- Transvasez la préparation dans un moule à manqué beurré de 22 cm de diamètre. Glissez-le dans le four. Faites cuire le gâteau pendant 30 minutes puis laissez-le refroidir sur une grille.
- Démoulez le gâteau. À l'aide d'un couteau-scie, ouvrez-le en deux dans l'épaisseur. Dans une petite casserole, faites chauffer sur feu doux 80 g de confiture de noix de coco et 2 cuillerées à soupe de rhum ambré. Retirez du feu dès que le mélange devient bien homogène.
- Étalez la confiture sur le disque inférieur du gâteau. Recouvrez avec le disque supérieur. Découpez 1 sapin et 2 étoiles de tailles différentes dans du carton fin.
- Appliquez les étoiles sur l'une des moitiés du gâteau. Tamisez 2 cuillerées à soupe de cacao fort sur la surface du gâteau. Soulevez délicatement le motif en carton pour faire apparaître les étoiles.
- Procédez de même sur l'autre moitié du gâteau : appliquez le sapin et tamisez 1 cuillerée à soupe de sucre glace à travers une passoire fine autour du motif sur la moitié du gâteau.

› VARIANTE

Fourrez le gâteau avec une confiture de mangue ou une gelée au thé.

› CONSEIL

Proposez une crème anglaise parfumée à la vanille. Retournez le gâteau pour pouvoir plus facilement le décorer (sur le côté plat et non sur le côté bombé).

› Les glaces et sorbets

Préparation : 1 heure | Cuisson : 45 minutes | Réalisation : assez délicate | Coût : bon marché | Vin conseillé : Bonnezeaux
Réfrigération : 4 heures

Soufflé glacé à la réglisse

Ingrédients (pour 4 personnes)

- ✓ 2 pommes
- ✓ 6 bâtons de réglisse
- ✓ 4 rubans de réglisse
- ✓ 5 jaunes d'œuf
- ✓ 15 cl de crème liquide très froide
- ✓ 265 g de sucre semoule
- ✓ 30 g de noisettes concassées
- ✓ 25 g de beurre

› LA RECETTE

- À l'aide d'un bon couteau, taillez 5 bâtons de réglisse en petits morceaux. Faites chauffer 30 cl d'eau dans une casserole. À l'ébullition, ajoutez la réglisse. Laissez frémir 30 minutes jusqu'à ce que le liquide ait réduit de moitié.
- Filtrez le jus de réglisse à travers une passoire fine. Versez-le de nouveau dans la casserole, ajoutez 150 g de sucre semoule et portez à ébullition. Laissez frémir 2 minutes puis retirez du feu. Laissez refroidir entièrement.
- Dans une jatte, fouettez 5 jaunes d'œuf et 75 g de sucre en poudre jusqu'à ce que le mélange blanchisse. Sans cesser de fouetter, versez-y en filet 8 cl de sirop de réglisse délayé dans 5 cl d'eau.
- Posez la jatte au bain-marie et fouettez la préparation à petite vitesse jusqu'à obtention d'un sabayon ferme et mousseux. Hors du feu, continuez de battre jusqu'au complet refroidissement.
- Montez 15 cl de crème liquide en chantilly. Incorporez-la délicatement au sabayon. Répartissez la préparation dans 4 ramequins rehaussés d'une bande de papier sulfurisé de 5 cm de hauteur fixée autour des moules. Faites prendre au congélateur pendant 4 heures.
- Coupez 2 pommes en petits cubes. Faites-les caraméliser à la poêle avec 25 g de beurre et 40 g de sucre semoule. Frottez 1 bâton de réglisse sur une râpe à épices et parfumez-en les pommes.
- Pour servir, ôtez délicatement le papier sulfurisé. Parsemez la surface des soufflés glacés de pommes caramélisées et de 30 g de noisettes concassées. Décorez avec un ruban de réglisse.

› CONSEIL

Faites dorer au four 4 petits disques de pâte filo. Garnissez-les de pistaches et de noisettes concassées. Poudrez-les de sucre glace et placez-les sur les soufflés.
Gardez le restant du sirop de réglisse au réfrigérateur. Utilisez-le pour sucrer vos tisanes ou aromatiser une boisson fraîche.

Préparation : 45 minutes | *Congélation : 10 minutes* | *Cuisson : 35 minutes* | *Réalisation : assez délicate* | *Coût : bon marché* | *Vin conseillé : un Gaillac mousseux*

Chaud-froid
aux fraises et glace au riz

Ingrédients (pour 4 personnes)

- ✓ *300 g de fraises*
- ✓ *1 orange non traitée*
- ✓ *1 citron non traité*
- ✓ *120 g de riz rond*
- ✓ *8 feuilles de won-ton*
- ✓ *25 g de fruits confits en petits dés*
- ✓ *1 l de lait*
- ✓ *5 cl de crème fraîche*
- ✓ *260 g de sucre semoule*
- ✓ *100 g de beurre*
- ✓ *1 gousse de vanille*
- ✓ *sucre glace*
- ✓ *bain de friture*
- ✓ *cannelle*

› LA RECETTE

- Préparez la glace : râpez finement le zeste du citron. Dans une casserole, faites chauffer 1 litre de lait avec 1 gousse de vanille fendue en deux et le zeste râpé. À ébullition, versez-y le riz. Laissez cuire 20 minutes sur feu doux puis incorporez 200 g de sucre.
- Filtrez le riz au lait à travers une passoire fine. Ajoutez au liquide obtenu 3 cuillerées à soupe de riz cuit, ainsi que 25 g de fruits confits en petits dés. Faites prendre en glace au congélateur (environ 10 minutes).
- Équeutez les fraises. Émincez-en 100 g et passez le reste au mixeur pour le réduire en coulis. Dans une casserole, faites chauffer 5 cl de crème fraîche, 60 g de sucre et le zeste finement râpé de l'orange. Incorporez le coulis de fraise. Faites chauffer le mélange sur feu doux sans le faire bouillir. Hors du feu, Montez la sauce avec 100 g de beurre en parcelles.
- Faites chauffer le bain de friture. Coupez les feuilles de won-ton en disques. Faites-les frire quelques instants dans de l'huile bouillante. Égouttez-les à l'aide d'une écumoire. Posez-les sur du papier absorbant et saupoudrez-les de sucre glace et de cannelle.
- Dressez le dessert dans des assiettes creuses. Versez la sauce au fond et disposez dessus les fraises émincées. Placez une boule de glace au riz entre deux disques de won-ton. Saupoudrez de sucre glace et servez.

› VARIANTE

Remplacez les fraises par des kiwis (ils donnent un délicieux coulis), de la mangue ou des framboises.

› CONSEIL

Version asiatique des feuilles de filo, le won-ton est une pâte composée de farine et d'œufs mélangée à de l'huile (il sert entre autres à préparer les ravioli). La friture le rend croustillant et l'on peut en faire une enveloppe très maniable pour bien présenter la glace au riz. Les feuilles de won-ton (séchées) sont vendues dans les épiceries asiatiques.

Préparation : 55 minutes
Réfrigération : 2 heures

Cuisson : 5 minutes

Réalisation : très délicate

Coût : assez cher

Vin conseillé : Gewurztraminer « vendanges tardives »

Soufflé glacé aux mangues

Ingrédients (pour 4 personnes)

- ✓ *1 mangue*
- ✓ *250 g de pulpe de mangue (fraîche)*
- ✓ *250 g de sucre semoule*
- ✓ *4 blancs d'œuf*
- ✓ *25 cl de crème liquide*
- ✓ *1 cuillère à café de vanille liquide*
- ✓ *4 brins de menthe*

› LA RECETTE

- Au mixeur, broyez 250 g de pulpe de mangue jusqu'à obtention d'une fine purée.
- Préparez les moules : choisissez 4 grands ramequins et découpez 4 bandes de papier sulfurisé de 5 cm de haut, un peu plus larges que les moules. À l'aide d'un peu de blanc d'œuf étalé au pinceau, fixez les bandes tout autour des ramequins pour en augmenter légèrement la hauteur.
- Montez les 4 blancs d'œuf en neige ferme. En même temps, préparez un sirop au grand boulé : dans une casserole, mettez 250 g de sucre semoule et 10 cl d'eau. Mélangez et faites cuire sur feu moyen jusqu'à ce que le sirop atteigne 126°C (vérifiez la température à l'aide d'un thermomètre). Aussitôt, versez ce sirop en filet sur les blancs tout en continuant de battre au fouet électrique jusqu'à obtention d'une meringue brillante.
- Fouettez 25 cl de crème liquide en chantilly. Versez la purée de mangue dans une jatte. Parfumez avec 1 cuillerée à café de vanille liquide. Ajoutez la chantilly et mélangez délicatement. Incorporez la meringue.
- Transvasez la préparation dans les ramequins en emplissant les moules jusqu'à mi-hauteur du papier sulfurisé. Faites prendre 2 heures au congélateur.
- Au moment de servir, taillez 1 mangue en fine julienne. Retirez les bandes de papier et décorez la surface des soufflés glacés avec la julienne de mangue et 1 brin de menthe.

› TOUR DE MAIN

Si vous ne possédez pas de thermomètre à sucre, vérifiez la cuisson du sucre en utilisant un « truc » de pâtissier : à l'aide d'une petite cuillère, prélevez une goutte de sirop et plongez-la dans un verre d'eau froide. Si le sucre cuit se fige et forme sous vos doigts une petite bille molle, le sirop a atteint le stade du « grand boulé ».

› CONSEIL

Pour la purée de mangue, choisissez des fruits murs à point, très parfumés. La mangue taillée en julienne devra être plus ferme, donc un peu moins mûre.

Préparation : 20 minutes
Réfrigération : 2 heures | Cuisson : 10 minutes | Réalisation : assez délicate | Coût : bon marché | Vin conseillé : un Muscat de Beaumes-de-Venise ou de Rivesaltes

Glace au caramel

Ingrédients (*pour 6 personnes*)

- ✓ 50 cl de lait
- ✓ 100 g de crème fraîche liquide
- ✓ 325 g de sucre
- ✓ 5 jaunes d'œuf
- ✓ 1 filet de vinaigre
- ✓ huile neutre

› LA RECETTE

- Versez 125 g de sucre dans un poêlon en cuivre (ou une petite casserole à fond épais) avec 5 cl d'eau et un filet de vinaigre. Laissez cuire à feu moyen sans remuer jusqu'à ce que le sirop commence à colorer.
- Dès que le caramel se pare d'une belle couleur dorée, retirez la casserole du feu. Versez 5 cl d'eau pour stopper la cuisson (attention aux projections) et obtenir un caramel liquide. Réservez.
- Dans une jatte, mettez 5 jaunes d'œuf. Ajoutez 100 g de sucre. Fouettez jusqu'à ce que le mélange devienne clair et mousseux. Faites bouillir 50 cl de lait puis ajoutez le caramel dans le lait brûlant. Versez le mélange peu à peu sur les œufs en fouettant.
- Transvasez la préparation dans la casserole et faites cuire sur feu doux en remuant, comme pour une crème anglaise. La crème est prise quand elle nappe la cuillère et que le doigt y laisse une trace nette. Ajoutez 100 g de crème fraîche et mélangez. Faites prendre en sorbetière.
- Peu de temps avant de servir, huilez au pinceau une feuille de papier sulfurisé. Préparez un autre caramel avec 100 g de sucre et 5 cl d'eau. Laissez cuire jusqu'à obtention d'une belle couleur dorée.
- Versez le caramel sur le papier en décrivant des volutes pour former 6 petites tuiles. Décollez délicatement à la spatule. Servez plusieurs boules de glaces par convive et décorez de « tuiles » en caramel.

› TOUR DE MAIN

Surveillez attentivement la cuisson du caramel pour éviter qu'il devienne trop foncé, ce qui lui donnerait un désagréable goût amer. Tournez plusieurs fois la casserole pour uniformiser la couleur.
Avec un peu de patience, vous pouvez confectionner de jolies cages en caramel. Huilez le dos d'une petite louche et versez en filet le caramel dessus. Laissez refroidir quelques instants et décollez avec précaution.

Préparation : 45 minutes
Réfrigération : 2 heures | Pas de cuisson | Réalisation : facile | Coût : bon marché | Vin conseillé : un Pinot noir d'Alsace

Glace au fromage blanc *et coulis rouge*

Ingrédients (pour 4 personnes)

- ✓ 800 g de fraises
- ✓ 100 g de fromage blanc battu
- ✓ 1 grande boîte de lait concentré non sucré (400 g)
- ✓ 120 g de sucre glace
- ✓ 2 citrons
- ✓ 10 cl de vin rouge

› LA RECETTE

- Préparez la glace : lavez et râpez le zeste de 2 citrons. Coupez-les en deux et pressez-les. Versez le lait concentré dans une jatte et battez-le au fouet électrique jusqu'à ce qu'il mousse et augmente de volume.
- Incorporez 40 g de sucre glace et le zeste râpé. Ajoutez 100 g de fromage blanc et le jus des citrons. Battez de nouveau quelques instants jusqu'à obtention d'un mélange lisse et crémeux.
- Transvasez la préparation dans une sorbetière et laissez prendre en glace (environ 20 minutes). Dès que le mélange est assez ferme, mettez la glace au congélateur pour qu'elle durcisse encore (1 à 2 heures).
- Entre-temps, lavez et équeutez les fraises. Broyez-en 400 g en purée au mixeur. Ajoutez 10 cl de vin rouge, le jus d'1/2 citron et 40 g de sucre glace. Mixez encore. Filtrez le coulis obtenu à travers une passoire fine. Ajoutez les fraises entières. Mélangez délicatement. Réservez au réfrigérateur.
- Au dernier moment, façonnez des boules de glace. Répartissez le coulis rouge au fond de 4 assiettes. Ajoutez 2 boules de glace par personne et servez.

› TOUR DE MAIN

Tous les ingrédients et ustensiles utilisés pour la confection de la glace doivent être très froids. Placez la boîte de lait concentré au réfrigérateur, ainsi que la jatte qui servira au mélange et les fouets du batteur électrique. À défaut de sorbetière, mettez la glace au congélateur. Lorsqu'elle commence à prendre, battez 2 ou 3 fois à la fourchette pour éviter la formation de paillettes.

› CONSEIL

Choisissez des fraises petites et parfumées (mara des bois). Pour le coulis, sélectionnez un vin rouge fruité tel que le pinot noir d'Alsace.
Le lait concentré procure une texture onctueuse tout en étant moins calorique que la crème fraîche. Pour plus de légèreté, utilisez du lait concentré demi écrémé et du fromage blanc à 20 % de matière grasse.

Préparation : 40 minutes
Réfrigération : 2 heures | *Cuisson : 30 minutes* | *Réalisation : facile* | *Coût : bon marché* | *Vin conseillé : Coteaux-du-Layon*

Glace au pain d'épices
et crème à la chicorée

Ingrédients (pour 4 personnes)
- ✓ *6 tranches de pain d'épices*
- ✓ *10 jaunes d'œuf*
- ✓ *1 l de lait entier pasteurisé*
- ✓ *4 cuillères à soupe de sucre en poudre*
- ✓ *2 cuillères à soupe de miel toutes fleurs*
- ✓ *2 cuillères à soupe de chicorée en grains*

› LA RECETTE

- Dans une jatte, fouettez 5 jaunes d'œuf, 1 cuillerée à soupe de sucre et 2 cuillerées à soupe de miel jusqu'à ce que le mélange devienne mousseux et clair. Faites bouillir 50 cl de lait et versez-le doucement sur les œufs en fouettant. Transvasez le tout dans la casserole du lait.
- Émiettez 4 tranches de pain d'épices et ajoutez-les à la préparation précédente. Sur feu doux, faites épaissir sans cesser de tourner. Stoppez la cuisson dès que la crème nappe la spatule. Versez doucement dans un saladier en fouettant. Laissez refroidir et mettez en sorbetière. Lorsqu'elle est prise, placez la glace 2 heures au congélateur.
- Dans une poêle à revêtement antiadhésif, faites griller 2 cuillerées à soupe de chicorée en grains jusqu'à ce qu'un léger parfum s'exhale. Fouettez 5 jaunes d'œuf dans une jatte avec 3 cuillerées à soupe de sucre. Ajoutez peu à peu 50 cl de lait bouillant sans cesser de fouetter. Reversez la préparation dans la casserole du lait. Faites épaissir à feu doux sans cesser de tourner. Ajoutez la chicorée et laissez infuser 15 minutes. Filtrez et placez au réfrigérateur.
- Émiettez grossièrement 2 tranches de pain d'épices et répartissez-les dans le fond des coupes. Garnissez de boules de glaces et présentez la crème à la chicorée à part.

› CONSEIL

Sortez la glace du congélateur 15 minutes avant le service. Elle sera plus facile à mouler et plus moelleuse. Préférez un pain d'épices artisanal à un produit industriel. Vous pouvez utiliser de la chicorée soluble, plus pratique.

Préparation : 30 minutes | Cuisson : 20 minutes | Réalisation : assez délicate | Coût : bon marché | Vin conseillé : un Bergerac moelleux

Endives
confites

Ingrédients (pour 4 personnes)

- 2 endives
- 200 g de sucre
- 3 jaunes d'œuf
- 30 cl de lait
- 1 gousse de vanille
- 1/2 cuillère à soupe de beurre
- 75 g de cerneaux de noix

LA RECETTE

- Portez le lait à frémissement avec la gousse de vanille fendue en deux puis laissez infuser hors du feu. Fouettez les jaunes d'œuf avec 80 g de sucre jusqu'à ce que le mélange blanchisse. Versez le lait sur les œufs en fouettant. Faites cuire à feu doux en remuant jusqu'à ce que la crème nappe la cuillère. Filtrez-la et grattez la gousse de vanille afin d'y incorporer les grains. Laissez refroidir et faites prendre en sorbetière.
- Faites un caramel avec 3 cl d'eau et 70 g de sucre sur feu moyen jusqu'à ce qu'il prenne une couleur dorée. Ajoutez les noix, mélangez rapidement et versez sur une plaque huilée. Laissez refroidir puis mixez le tout pour obtenir une poudre fine.
- Supprimez les feuilles extérieures des endives si elles sont abîmées. Incisez l'extrémité coupée de la racine pour prélever un petit cône. Tranchez chaque endive en trois dans le sens de la longueur,
- Faites fondre 50 g de sucre dans 15 cl d'eau avec 1/2 cuillerée à soupe de beurre et faites bouillir à feu vif pendant 5 minutes. Ajoutez les endives et faites-les cuire en les retournant une fois à feu moyen jusqu'à ce que l'eau soit évaporée et que le sucre commence à caraméliser.
- Pour servir, étalez une tranche d'endive confite sur l'assiette sur laquelle vous placerez une ou deux boules de glace vanille. Saupoudrez de noix caramélisées.

CONSEIL

Pour exalter leur saveur, faites griller légèrement vos noix au four avant de les caraméliser.
Achetez une bonne glace vanille et des noix déjà caramélisées, que vous réduirez en poudre. Et enfin, si vous êtes vraiment pressé, ciselez vos endives : elles prendront moins longtemps pour cuire.

TOUR DE MAIN

Creusez la base de l'endive en cône, car cet endroit correspond à sa partie dure et amère. Laissez tout de même ce qu'il faut pour tenir les feuilles ensemble.

Préparation : 20 minutes Congélation : 3 heures	Pas de cuisson	Réalisation : facile	Coût : bon marché	Vin conseillé : un Sauternes ou un Muscat

Bombe glacée
vanille-orange

Ingrédients (pour 4 personnes)

- ✓ 1 génoise
- ✓ 1 litre de glace à la vanille
- ✓ 150 g de chocolat amer
- ✓ 100 g d'écorce d'orange confite
- ✓ 3 feuilles de menthe
- ✓ 1 cuillère à soupe de cacao
- ✓ 1 cuillère à soupe de Cointreau

› LA RECETTE

- Sortez 1 litre de glace à la vanille du congélateur 15 minutes avant de commencer la préparation. Faites fondre 150 g de chocolat amer au bain-marie. Découpez la génoise en deux dans le sens de l'épaisseur.
- Tapissez un moule sphérique avec les trois-quarts de la glace à la vanille en laissant un creux au milieu. Dans l'écorce d'orange confite, découpez une petite julienne puis détaillez le reste en petits dés.
- Incorporez les dés d'écorce d'orange confite ainsi qu'1 cuillerée à soupe de Cointreau dans la glace restante en la travaillant et remplissez le moule avec ce mélange. Couvrez la bombe d'une tranche de génoise (réservez le reste pour un autre usage) puis de film plastique et laissez prendre au congélateur pendant 3 heures.
- Mélangez et versez le chocolat fondu sur une surface plate, de préférence en marbre. Étalez-le à la spatule pour obtenir une couche mince et laissez-le durcir. Avec la pointe d'un couteau, découpez des bandes. Dans ces bandes, découpez des triangles. Réservez.
- Avant de servir, plongez pendant 2 secondes le fond du moule dans de l'eau chaude et démoulez la bombe. Placez les triangles, pointe vers le haut, autour de la base, saupoudrez de cacao et décorez avec la julienne d'écorce d'orange et 3 feuilles de menthe.

› CONSEIL

Chauffez légèrement la lame du couteau dans une flamme pour mieux découper les triangles de chocolat. Servez la bombe avec des tuiles à l'orange.

› TOUR DE MAIN

Nul besoin de « tempérer » le chocolat pour obtenir des triangles bien brillants pour ce genre de décor simple. Il suffit de faire fondre le chocolat dans un bain-marie sans trop le chauffer (ne pas dépasser 31°C) et de laisser le chocolat prendre sans le mettre au réfrigérateur.

Préparation : 45 minutes
Congélation : 12 heures | Cuisson : 20 minutes | Réalisation : assez délicate | Coût : assez cher | Vin conseillé : un Champagne rosé

Nougat *meringué*

Ingrédients (pour 6 personnes)

- ✓ 300 g de framboises
- ✓ le jus d'1 citron
- ✓ 25 g de bigarreaux confits
- ✓ 25 g d'orange confite
- ✓ 25 g d'angélique confite
- ✓ 25 g de pistaches non salées
- ✓ 25 g d'amandes
- ✓ 25 g de noisettes
- ✓ 25 g de pralin
- ✓ 2 blancs d'œuf
- ✓ 30 cl de crème liquide
- ✓ 60 g de sucre
- ✓ 2 cuillères à soupe de miel

› LA RECETTE

- Faites griller légèrement les amandes, les pistaches et les noisettes sous le gril du four chaud. Laissez-les refroidir et concassez-les grossièrement.
- Taillez les fruits confits en tout petits dés. Mixez les framboises avec du jus de citron et du miel à votre convenance.
- Dans un saladier, montez les 2 blancs en neige avec 1 pincée de sucre. Faites cuire 60 g de sucre au grand boulé (118-120°C) et versez-le en filet sur les blancs petit à petit sans cesser de les fouetter. Continuez de fouetter jusqu'à ce que les blancs soient lisses, brillants et froids.
- Montez 30 cl de crème en chantilly. Mélangez très délicatement la chantilly et la meringue. Ajoutez le pralin, les noix concassées et les fruits confits au mélange. Versez la préparation dans un moule à bombe ou dans un bol.
- Réservez 12 heures au congélateur. Démoulez en trempant le moule quelques secondes dans l'eau chaude. Servez avec le coulis.

› VARIANTE

Remplacez les fruits confits par des fruits rouges variés trempés dans un sirop de sucre et séchés à four très doux pendant une bonne heure, ce qui en concentre le goût. Pensez également au gingembre confit.

› CONSEIL

Confectionnez de la nougatine en faisant un caramel avec 150 g de sucre et 10 cl d'eau à feu vif. Retirez du feu et ajoutez 100 g d'amandes effilées ou concassées. Versez sur une surface huilée et étalez avec un rouleau huilé. Découpez un cercle de la taille du fond du nougat. Réchauffez les chutes au four et découpez-y des formes au gré de votre fantaisie.

Préparation : 35 minutes Réfrigération : 1 heure	Pas de cuisson	Réalisation : facile	Coût : assez cher	Vin conseillé : Frontignan ou Muscat d'Alsace

Melon
en sorbets

Ingrédients (pour 4 personnes)

- ✓ 4 melons
- ✓ 1 litre de sorbet au melon
- ✓ 1 litre de sorbet à la framboise
- ✓ 150 g de framboises
- ✓ 1/2 citron
- ✓ 5 cl de Muscat
- ✓ 50 g de sucre semoule
- ✓ 2 brins de menthe fraîche

› LA RECETTE

- Rincez les melons. Incisez-les environ aux 2/3 de leur hauteur avec un couteau pointu en réalisant une jolie dentelure. Retirez les pépins et creusez la pulpe avec une cuillère à pomme pour former des billes de melon. Gardez les melons évidés au réfrigérateur.
- Rincez les brins de menthe et prélevez 2 grandes feuilles. Hachez-les. Mettez les billes de melon dans une jatte. Ajoutez les framboises, 50 g de sucre et les feuilles de menthe hachées.
- Pressez le demi-citron. Versez le jus de citron sur les fruits et ajoutez 5 cl de Muscat. Placez la jatte au réfrigérateur et laissez macérer 1 heure.
- Dix minutes avant de garnir les melons évidés, sortez les sorbets du congélateur pour qu'ils ne soient pas trop durs. Placez les brins de menthe dans de l'eau glacée.
- Formez des boules de sorbet à l'aide d'une cuillère à glace. Dans chaque melon, déposez des boules de sorbet en alternant les parfums. Complétez de fruits et arrosez du jus de macération. Décorez de brins de menthe et servez aussitôt.

› CONSEIL

Rincez très rapidement les melons. Ils sont en effet très poreux et, placés trop longtemps sous l'eau, ils perdraient tout leur arôme. Les framboises ne doivent pas non plus être lavées car elles se gorgeraient d'eau.
Qu'il est difficile de bien choisir un melon ! L'odeur n'est malheureusement pas un bon indicateur et vous pourriez être déçu en vous y fiant. Soupesez-le, il doit être très lourd et son pédoncule doit se détacher facilement. Les melons craquelés vendus en cagette sont certes mûrs, mais il vous faudra un solide estomac pour ne pas en perdre une miette : ils doivent en effet être consommés le jour même !

› TOUR DE MAIN

Pour réaliser des billes parfaites, plongez la cuillère à pomme dans la chair du melon comme une cuillère ordinaire. Tournez ensuite la cuillère avec une torsion du poignet dans le sens des aiguilles d'une montre, comme si vous tourniez une clé dans une serrure.

Préparation : 1 heure
Réfrigération : 4 heures | Pas de cuisson | Réalisation : assez délicate | Coût : assez cher | Vin conseillé : un Coteaux-du-Layon

Charlotte glacée *aux pêches*

Ingrédients (pour 6 à 8 personnes)

- ✓ 30 biscuits à la cuiller
- ✓ 12 fruits de la passion
- ✓ 4 pêches
- ✓ 1 citron
- ✓ 1 orange
- ✓ 60 g de sucre en poudre

Pour la meringue italienne :

- ✓ 4 blancs d'œuf
- ✓ 10 cl d'eau
- ✓ 250 g de sucre en poudre

› LA RECETTE

- Ébouillantez les pêches 1 minute dans une grande casserole. Égouttez-les et pelez-les. Coupez-les en morceaux et broyez-les au mixeur pour obtenir une fine purée. Pressez 1 citron et incorporez le jus à la purée de pêches.Ajoutez 30 g de sucre et mixez de nouveau quelques instants.
- Préparez la meringue italienne. Faites bouillir 250 g de sucre et 10 cl d'eau dans une casserole à fond épais. Lorsque le sirop atteint le stade du grand boulé, versez-le en filet sur les 4 blancs d'œufs montés en neige ferme. Fouettez au batteur électrique jusqu'à obtention d'une meringue épaisse et brillante.
- Versez la purée de pêches dans une jatte contenant la moitié de la meringue. Mélangez délicatement à la spatule puis incorporez-y le restant de meringue. Réservez la mousse obtenue au réfrigérateur.
- Préparez un coulis de fruits : recueillez la pulpe des fruits de la passion. Filtrez-la à travers une passoire pour éliminer les graines. Ajoutez-y le jus d'une orange et 30 g de sucre en poudre.
- Trempez les biscuits un à un dans le coulis puis tapissez-en le fond et la bordure d'un moule à paroi amovible de 20 à 22 centimètres de diamètre. Versez la mousse de pêches au centre du moule. Laissez prendre 4 heures au congélateur.
- Pour servir, trempez le moule quelques instants dans de l'eau chaude. Faites glisser une spatule en métal à l'intérieur de la bordure puis retirez la paroi.

› CONSEIL

Vous devez sans faute contrôler la température du sucre cuit à l'aide d'un thermomètre de confiseur : 135°C indique le stade du « grand boulé ».

› VARIANTE

En saison, vous pouvez remplacer les pêches par des abricots. Choisissez des fruits mûrs à point, goûteux et parfumés. Décorez la charlotte avec de fines lamelles de pêches ou de nectarines ou bien avec des abricots émincés. Vers la fin de l'été, pensez aussi aux pêches de vigne.

Préparation : 20 minutes
Réfrigération : 2 heures | *Cuisson : 20 minutes* | *Réalisation : assez délicate* | *Coût : assez cher* | *Vin conseillé : un Muscat d'Alsace*

Glace
au pain d'épices

Ingrédients (pour 6 personnes)

- ✓ *300 g de crème fraîche épaisse*
- ✓ *30 cl de crème liquide*
- ✓ *50 g de miel*
- ✓ *4 tranches de pain d'épices*
- ✓ *4 jaunes d'œuf*
- ✓ *30 g de beurre*
- ✓ *1 bâton de cannelle*
- ✓ *5 graines de cardamome*
- ✓ *2 clous de girofle*

› LA RECETTE

- Battez 4 jaunes d'œuf dans une jatte. Émiettez le pain d'épices. Écrasez rapidement 5 graines de cardamome avec le dos d'une cuillère.
- Dans une casserole, versez 30 cl de crème liquide. Ajoutez le bâton de cannelle, les graines de cardamome et 50 g de miel. Faites chauffer doucement en remuant, arrêtez la cuisson lorsque le mélange frémit.
- Filtrez le contenu de la casserole à travers un chinois en écrasant les épices avec une cuillère. Versez le mélange dans la jatte sur les jaunes en fouettant. Transvasez à nouveau le mélange dans la casserole et remettez-la sur feu doux. Faites cuire en remuant cette crème. Stoppez la cuisson aux premiers frémissements.
- Dans une grande poêle, faites fondre 50 g de beurre. Mettez-y à dorer le pain d'épices 5 à 10 minutes.
- Fouettez 300 g de crème fraîche épaisse et incorporez-la à la crème au miel tiédie. Ajoutez le pain d'épices et mélangez délicatement. Faites prendre en sorbetière ou 2 heures au congélateur.

› CONSEIL

Ne conservez jamais plus de quelques jours les glaces faites « maison ». Elles ne contiennent en effet aucun conservateur, à la différence des produits achetés tout prêt dans le commerce, et deviennent rapidement de véritables nids à bactéries pouvant causer de graves intoxications.
Les blancs d'œuf ne doivent pas être conservés plus de quelques heures, au-delà desquelles ils deviennent très toxiques. Confectionnez par exemple des meringues en ajoutant aux 4 blancs montés en neige très ferme 250 g de sucre (à incorporer en fouettant), et en cuisant la préparation en petits tas durant 3 heures au four à 100°C (thermostat 3).

Préparation : 10 minutes Repos : 10 minutes	Cuisson : 20 minutes	Réalisation : facile	Coût : bon marché	Vin conseillé : un Banyuls rouge

Sorbet léger cacao
tuiles à l'orange

Ingrédients (pour 4 personnes)

Pour les tuiles :

- ✓ 60 g de farine
- ✓ 40 g d'écorce d'orange confite
- ✓ 125 g de sucre glace
- ✓ 3 blancs d'œuf
- ✓ 45 g de beurre
- ✓ 15 g de poudre d'amandes
- ✓ 1 pincée de vanille en poudre

Pour le sorbet :

- ✓ 150 g de chocolat amer
- ✓ 150 g de cacao amer
- ✓ 200 g de sucre
- ✓ le zeste d'1 orange
- ✓ 2 cuillères à soupe d'eau de fleur d'oranger

› LA RECETTE

- Dans une casserole, délayez 200 g de sucre dans 50 cl d'eau et amenez à ébullition à feu vif. Baissez le feu et laissez mijoter 5 minutes pour que le sucre fonde complètement.
- Hachez finement le chocolat. Pesez 150 g de cacao amer et versez-le dans le sirop de sucre. Hors du feu, ajoutez le chocolat haché, laissez-le fondre pendant 2 minutes, puis remuez jusqu'à obtenir une consistance bien lisse. Ajoutez 2 cuillerées à soupe d'eau de fleur d'oranger et le zeste râpé d'une orange.
- Laissez le mélange refroidir, puis versez-le dans une sorbetière et faites prendre le sorbet.
- Entre-temps, faites fondre 45 g de beurre. Battez les blancs d'œuf avec une fourchette pour les liquéfier. Ajoutez 125 g de sucre glace, 60 g de farine, la poudre d'amandes, 1 pincée de vanille en poudre et l'écorce d'orange confite hachée finement, puis le beurre fondu. Laissez reposer 10 minutes.
- Préchauffez le four à 180°C (thermostat 6). Beurrez une plaque. Étalez une cuillerée à soupe du mélange sur la plaque pour chaque tuile. Pensez à bien les espacer, car la pâte s'étale pendant la cuisson. Faites cuire 7 minutes par fournée.
- Dès la fin de la cuisson, prélevez les tuiles une à une de la plaque et placez-les aussitôt sur un rouleau à pâtisserie pour qu'elles prennent la forme de tuiles en refroidissant.

› TOUR DE MAIN

Étalez la pâte à tuiles très finement sur la plaque. Pour ce faire, utilisez une fourchette que vous tremperez régulièrement dans de l'eau froide. Si les tuiles cuites durcissent avant que vous ne les ayez placées sur le rouleau à pâtisserie, remettez-les quelques secondes au four pour les ramollir de nouveau.

› CONSEIL

Ne choisissez rien d'autre qu'un cacao amer en poudre, pur et sans additif, qui est de la pâte de cacao brute, dégraissée et pulvérisée selon une méthode inventée par le Hollandais Conrad Van Houten au début du XIXe siècle. Évitez les poudres de cacao sucrées.

Préparation : 45 minutes | Repos : 1 heure | Cuisson : 30 minutes | Réalisation : facile | Coût : assez cher | Vin conseillé : un Banyuls ou un Gewurztraminer

Aumônières
aux oranges

Ingrédients (pour 6 personnes)

- 1 l de crème glacée
- 3 oranges non traitées
- 200 g de farine
- 200 g de chocolat à pâtisser
- 40 cl de lait
- 20 cl de crème liquide
- 2 œufs
- 40 g de sucre semoule
- 20 g de beurre
- 1 cuillère à soupe de Grand-Marnier
- 1 pincée de cannelle
- 1 pincée de sel

› LA RECETTE

- Préparez la pâte à crêpes. Faites fondre 20 g de beurre. Tamisez la farine dans une terrine et creusez un puits. Battez les 2 œufs en omelette et versez-les dans le puits. Ajoutez 40 g de sucre semoule, 1 pincée de sel et le beurre fondu. Incorporez les ingrédients à la farine, puis versez petit à petit 40 cl de lait. Parfumez avec 1 cuillerée à soupe de grand-marnier et laissez reposer la pâte pendant 1 heure.
- Pendant ce temps, pelez les oranges à vif. Récupérez la peau d'une orange et zestez-la. Réservez. Prélevez les quartiers et débarrassez-les des peaux blanches amères. Taillez-les en petits morceaux et réservez-les au frais.
- Au bout d'une heure, vérifiez la consistance de la pâte à crêpes. Faites cuire 12 crêpes très fines et réservez-les au chaud.
- Sortez la glace du réfrigérateur pour éviter qu'elle soit trop dure.
- Préparez la sauce au chocolat. Faites chauffer 20 cl de crème liquide. Cassez en petits morceaux le chocolat à pâtisser et faites-le fondre au bain-marie. Lorsqu'il est fondu, délayez-le avec la crème liquide chaude et ajoutez le zeste de l'orange et 1 pincée de cannelle. Réservez au chaud dans le bain-marie.
- Garnissez chaque crêpe d'une boule de glace et de dés d'orange en plaçant cette garniture en petits tas bien au centre.
- Relevez les bords et formez les aumônières en nouant de la ficelle culinaire. Déposez une grosse cuillerée de sauce au chocolat bien chaude dans les assiettes et posez 2 aumônières sur chacune. Servez aussitôt.

› CONSEIL

Fendez en deux des gousses de vanille et remplacez la ficelle culinaire par ces jolis liens improvisés.
Choisissez des parfums de glaces riches en arôme : nougat, vanille artisanale, rhum-raisins, marrons, etc.

Préparation : 1 heure
Congélation : 7 heures | Cuisson : 10 minutes | Réalisation : très délicate | Coût : assez cher | Vin conseillé : un Sauternes ou un Gewurztraminer

Bombe glacée *au miel*

Ingrédients (pour 8 personnes)

Pour la glace au miel :

- ✓ 100 g de miel liquide
- ✓ 2 jaunes d'œuf
- ✓ 20 cl de lait
- ✓ 10 cl de crème fraîche

Pour la garniture :

- ✓ 100 g de fruits confits
- ✓ 3 jaunes d'œuf
- ✓ 60 g de sucre en poudre
- ✓ 30 cl de crème liquide
- ✓ 5 cl de kirsch

Pour la décoration :

- ✓ 1 poire
- ✓ 150 g de sucre semoule
- ✓ 1/2 cuillère à café de jus de citron

› LA RECETTE

- Faites chauffer 20 cl de lait. Dans une casserole, faites bouillir le miel. Hors du feu, incorporez le lait chaud au miel bouillant. Cassez 2 œufs et incorporez les jaunes un à un en fouettant. Remettez la casserole sur feu doux et faites cuire en remuant sur feu doux environ 5 minutes. Retirez la casserole du feu aux premiers frémissements, lorsque la sauce nappe la cuillère. Laissez refroidir.
- Fouettez 10 cl de crème fraîche. Incorporez-la à la crème au miel refroidie. Faites prendre en sorbetière environ 1 heure.
- Un quart d'heure avant que la glace au miel soit prête, placez quelques minutes 30 cl de crème liquide au congélateur pour qu'elle soit très froide. Taillez les fruits confits en dés et faites-les macérer dans 5 cl de kirsch.
- Faites bouillir 60 g de sucre avec 3 cuillerées à soupe d'eau environ 2 minutes jusqu'à obtention d'un sirop. Laissez refroidir.
- Montez en chantilly la crème liquide très froide. Fouettez 3 jaunes d'œuf et incorporez-leur peu à peu le sirop refroidi tout en continuant de fouetter. Ajoutez délicatement la crème chantilly et les fruits confits égouttés.
- Tapissez un moule sphérique de la glace au miel. Garnissez de mousse aux fruits confits l'intérieur du moule et faites prendre 6 heures au congélateur.
- Juste avant de servir, rincez la poire et coupez-la en fines lamelles. Préparez un caramel clair avec 150 g de sucre, 1 cuillerée à soupe d'eau et 1/2 cuillerée à café de jus de citron. Plongez une fourchette dans le caramel et étirez rapidement des fils.
- Plongez 1 ou 2 secondes le fond du moule dans de l'eau chaude et démoulez la bombe. Décorez-la de lamelles de poire et de fils de caramel. Servez aussitôt.

› CONSEIL

Ne faites surtout pas bouillir la crème au miel, car elle tournerait !

› TOUR DE MAIN

La cuisson du caramel doit être arrêtée lorsqu'il atteint 160°C. Retirez la casserole du feu dès qu'une légère coloration apparaît : le caramel brunit vite et devient amer.

Préparation : 20 minutes | *Cuisson : 5 minutes* | *Réalisation : assez délicate* | *Coût : bon marché* | *Vin conseillé : Champagne ou Ti-Punch*
Réfrigération : 20 minutes

Beignets de glace choco
et coulis d'ananas

Ingrédients (pour 6 personnes)

- ✓ *1 l de glace au chocolat*
- ✓ *80 g de noix de coco râpée*
- ✓ *75 g de farine*
- ✓ *25 g de Maïzena*
- ✓ *1 petit œuf*
- ✓ *huile de friture*

Pour le coulis :

- ✓ *500 g de pulpe d'ananas*
- ✓ *1 citron vert*
- ✓ *50 g de sucre en poudre*

› LA RECETTE

- Préparez le coulis. Pressez le citron vert. Mettez-le dans le bol du mixeur avec 50 g de sucre. Coupez l'ananas en petits morceaux et placez-les également dans le bol du mixeur. Mixez jusqu'à obtention d'un coulis à la texture lisse. Placez le coulis au réfrigérateur.
- Façonnez 6 jolies boules de glace au chocolat à l'aide d'une cuillère à glace. Emballez-les chacune dans du film alimentaire. Replacez-les dans le congélateur pendant 20 minutes.
- Faites chauffer l'huile de friture à 190°C.
- Préparez la pâte à beignets en mélangeant 75 g de farine tamisée et 25 g de Maïzena. Incorporez petit à petit en fouettant 10 cl d'eau glacée puis l'œuf battu.
- Déballez les boules de glace et plongez-les une à une dans la pâte, puis roulez-les dans la noix de coco.
- Saisissez quelques secondes les beignets dans la friture puis égouttez-les sur du papier absorbant. Servez aussitôt, entouré d'un cordon de coulis d'ananas.

› CONSEIL

Vous réussirez ce dessert épatant uniquement si vous possédez un congélateur 3 étoiles qui réfrigère à -18°C minimum.
Pour ne pas fondre et être saisie immédiatement dans le bain de friture, la glace doit en effet être très dure et extrêmement froide.
Ne plongez les boules de glace que quelques secondes dans l'huile de friture chaude, juste le temps de faire dorer la noix de coco. Sortez-les ensuite rapidement mais délicatement avec un panier spécial à friture pour ne pas percer la mince pellicule de pâte frite.

› VARIANTE

Variez les parfums de glace et les coulis ou les sauces en fonction de vos goûts : de la glace à la vanille et un coulis de fraise ou une crème de marrons additionnée de crème fraîche, des boules de nougat glacé et un coulis de framboise ou d'abricot, ou de la glace rhum-raisins et une sauce au chocolat, etc.

Préparation : 1 heure
Réfrigération : 4 heures | *Cuisson : 10 minutes* | *Réalisation : assez délicate* | *Coût : assez cher* | *Vin conseillé : Vouvray ou Montlouis*

Petits soufflés glacés
framboise-coco

Ingrédients (pour 6 personnes)

- ✓ *450 g de framboises*
- ✓ *4 cuillères à soupe de noix de coco râpée*
- ✓ *4 blancs d'œuf + 1 blanc pour les moules*
- ✓ *250 g de sucre semoule*
- ✓ *25 cl de crème liquide*
- ✓ *1 bouquet de menthe*
- ✓ *1/2 citron*
- ✓ *1 pincée de sel*

› LA RECETTE

- Préparez 6 petits moules à soufflé : découpez 6 bandes de papier sulfurisé de 8 centimètres de hauteur. Fixez-les contre la paroi des moules à l'aide d'un peu de blanc d'œuf. Réservez au frais.
- Pressez le demi citron. Broyez 300 g de framboises au mixeur jusqu'à obtention d'une fine purée. Ajoutez le jus de citron, broyez de nouveau quelques instants. Montez 4 blancs d'œuf en neige ferme.
- Faites bouillir 250 g de sucre semoule avec 10 cl d'eau. Lorsque de grosses bulles crèvent à la surface, prélevez une goutte de sirop à l'aide d'une petite cuillère. Plongez-la dans un verre d'eau. Si la goutte forme une petite bille molle entre vos doigts, retirez la casserole du feu. Aussitôt, versez le sirop en filet sur les blancs en neige. Battez au fouet électrique jusqu'au complet refroidissement des blancs et obtention d'une meringue ferme et brillante.
- Montez 25 cl de crème liquide bien froide en chantilly. Incorporez-y délicatement la purée de framboises puis la meringue.
- Emplissez les moules à mi-hauteur avec la mousse de framboises. Ajoutez 1 cuillerée à soupe de noix de coco râpée par moule, tassez légèrement. Versez le reste de mousse dans les moules en montant presque au bord du papier sulfurisé.
- Placez les moules au congélateur pendant 4 heures. Au dernier moment, décollez délicatement les bandes de papier sulfurisé. Décorez la surface des soufflés glacés avec 150 g de framboises et quelques brins de menthe.

› TOUR DE MAIN

Il existe d'autres techniques pour fixer les bandes de papier sulfurisé autour des moules. Vous pouvez utiliser du ruban adhésif, ou bien un élastique à la base du moule et une agrafe ou un trombone en haut du papier. L'important étant de pouvoir les ôter facilement !

› CONSEIL

Prévoyez des sablés ou des biscuits à la noix de coco.
Parfumez la mousse avec 1 cuillerée à soupe d'eau-de-vie de framboise ou de rhum blanc.
Hors saison, préparez les soufflés avec des framboises surgelées. Achetez des framboises brisées, moins chères que les framboises entières.

Préparation : 45 minutes | *Cuisson : 10 minutes* | *Réalisation : assez délicate* | *Coût : bon marché* | *Vin conseillé : Cointreau*
Réfrigération : 4 heures

Brick duo *d'agrumes*

Ingrédients (pour 4 personnes)

- ✓ *8 feuilles de brick*
- ✓ *700 g de mandarines non traitées*
- ✓ *300 g de yaourt nature*
- ✓ *1 orange*
- ✓ *2 œufs*
- ✓ *15 cl de crème liquide*
- ✓ *1 feuille de gélatine*
- ✓ *fécule, sucre, sucre glace*
- ✓ *lait, beurre*
- ✓ *brins de menthe*

› LA RECETTE

- Préparez la glace : lavez les mandarines et râpez finement les zestes. Pressez les fruits de façon à recueillir 30 cl de jus. Dans une jatte, fouettez 300 g de yaourt nature et 75 g de sucre glace. Ajoutez le jus et le zeste des mandarines. Mélangez bien.
- Montez 15 cl de crème liquide en chantilly. Incorporez délicatement le mélange précédent. Transvasez la préparation dans une sorbetière et faites prendre en glace. Réservez au congélateur.
- Préparez la mousse : dans une jatte, fouettez vivement 2 jaunes d'œuf, 75 g de sucre semoule et 2 cuillerées à soupe rases de fécule. Faites chauffer 15 cl de lait dans une casserole. À l'ébullition, versez-le dans la jatte. Transvasez le mélange dans la casserole. Laissez cuire 5 minutes à feu doux jusqu'à obtention d'une crème lisse.
- Lavez et râpez finement le zeste d'1 orange. Recueillez son jus et faites-le chauffer. Incorporez-y 1 feuille de gélatine ramollie dans de l'eau froide et essorée. Versez la crème dans une jatte et incorporez-y le zeste d'orange et le jus gélifié.
- Montez les 2 blancs d'œuf en neige bien ferme. Incorporez-les à la crème à l'orange. Mettez la mousse au réfrigérateur pendant 4 heures.
- Préchauffez votre four à 180°C (thermostat 6). Faites fondre 25 g de beurre et badigeonnez-en les feuilles de brick. Placez-les deux par deux en forme de corolle dans des moules. Faites-les cuire 5 minutes au four puis laissez-les refroidir.
- Garnissez les coupelles en brick de mousse à l'orange. Ajoutez des boules de glace à la mandarine. Décorez d'1 brin de menthe.

› CONSEIL

Ajoutez des quartiers de mandarine et nappez la glace d'un filet de caramel liquide.
Pour donner une forme de corolle aux feuilles de brick, utilisez des moules à bavarois individuels, à brioche parisienne ou de grands ramequins. Si les feuilles dépassent trop du moule, découpez l'excédent à l'aide de ciseaux.

Préparation : 1 heure
Congélation : 2 heures
Cuisson : 10 minutes
Réalisation : facile
Coût : bon marché
Vin conseillé : un Banyuls brut

Kouglof *glacé*

Ingrédients (pour 8 personnes)

- ✓ *500 g de cerises burlat*
- ✓ *500 g de yaourt*
- ✓ *150 g de sucre*
- ✓ *1/2 citron*
- ✓ *1 gousse de vanille*
- ✓ *3 cuillère à soupe de cacao*

› LA RECETTE

- Versez 100 g de sucre dans une casserole avec 15 cl d'eau. Fendez 1 gousse de vanille en deux et ajoutez-la. Portez à ébullition et poursuivez la cuisson jusqu'à ce que le sucre ait fondu. Grattez la gousse de vanille et incorporez les graines dans le sirop.
- Dans un saladier, battez légèrement 500 g de yaourt. Incorporez petit à petit le sirop vanillé. Mélangez soigneusement et versez la préparation dans une sorbetière. Faites prendre en sorbet.
- Versez le sorbet au yaourt dans un moule à kouglof et tapissez-en les bords, en laissant un creux au milieu. Placez au congélateur le temps de préparer le sorbet à la cerise.
- Lavez les cerises, équeutez-les et dénoyautez-les. Plongez les cerises dans de l'eau bouillante pendant 1 minute, puis égouttez-les. Dans un mixeur, réduisez les cerises en purée avec le jus d'un demi-citron. Tamisez la purée au travers d'une passoire fine.
- Dans une casserole, faites bouillir 2 cuillerées et demi à soupe d'eau avec 50 g de sucre jusqu'à ce que le sucre soit fondu. Versez ce sirop dans le jus de cerises et laissez refroidir complètement. Versez la préparation dans la sorbetière et faites prendre.
- Remplissez l'espace laissé vide dans le moule à kouglof de sorbet à la cerise et placez au congélateur pendant au moins 2 heures. Avant de servir, plongez 1 ou 2 secondes le moule dans de l'eau chaude et démoulez. Saupoudrez de 3 cuillerées à soupe de cacao.

› CONSEIL

Si vous êtes pressé, ou si vous ne possédez pas de sorbetière, achetez de la glace à la vanille et du sorbet aux cerises. Laissez-les hors du congélateur pendant 15 minutes pour qu'ils soient suffisamment ramollis lorsque vous les étalerez dans le moule, mais ne les laissez pas fondre.
Pour découper des portions de kouglof glacé au moment de servir, faites chauffer un grand couteau en le plaçant sur un feu de la gazinière.

Préparation : 1 heure
Congélation : 5 heures | Cuisson : 25 minutes | Réalisation : très délicate | Coût : assez cher | Vin conseillé : Gewurztraminer

Mazarin *pralinés*

Ingrédients (pour 4 personnes)
- ✓ 150 g de pâte pralinée (noisettes et amandes)
- ✓ 100 g de chocolat noir
- ✓ 100 g d'amandes mondées
- ✓ 4 jaunes d'œuf
- ✓ 200 g de sucre semoule
- ✓ 50 cl de crème fleurette
- ✓ 4 crêpes bretonnes dentelle
- ✓ 1 cuillère à café de jus de citron
- ✓ 2 kiwis en rondelles

› LA RECETTE

- Préparez la crème glacée : fouettez 4 jaunes d'œuf au batteur électrique. Simultanément, faites cuire 50 g de sucre jusqu'au « petit boulé » (120°C). Versez le sucre cuit sur les jaunes d'œuf sans cesser de battre jusqu'au complet refroidissement. Incorporez délicatement la pâte pralinée et les crêpes dentelle concassées.
- Montez 50 cl de crème fleurette en chantilly. Incorporez-la au mélange précédent.
- Tapissez un plat creux d'une feuille de film alimentaire et déposez dedans 4 petits cercles à entremets. Moulez la préparation dans les cercles en les emplissant avec délicatesse aux trois quarts de leur hauteur. Mettez-les rapidement au congélateur pendant 5 heures (au minimum).
- Préparez la nougatine : faites cuire un caramel avec 150 g de sucre et 1 cuillerée à café de jus de citron. Concassez les amandes mondées et incorporez-les au caramel clair. Versez la nougatine sur un marbre huilé. Laissez-la tiédir puis étalez-la le plus finement possible. Hachez-la sur une planche pour la réduire en brisures.
- Faites fondre le chocolat noir au bain-marie jusqu'à obtention d'une pâte lisse. Coulez le chocolat en fine couche à la surface des moules, en faisant attention de ne pas déborder.
- Parsemez les Mazarin de brisures de nougatine. Remettez-les 10 minutes au congélateur pour que le glaçage au chocolat soit pris. Pour servir, démoulez les entremets glacés avec délicatesse. Décorez avec quelques rondelles de kiwi.

› CONSEIL

Servez un coulis de mangue pour accompagner les mazarins. À défaut de thermomètre à sucre, la cuisson au petit boulé se teste de façon très simple : versez une goutte de sirop dans un verre d'eau puis roulez-la entre vos doigts, vous devez obtenir une petite bille molle.

› TOUR DE MAIN

Pour démouler l'entremets, glissez la lame chaude d'un couteau à l'intérieur des cercles puis soulevez-les avec délicatesse.

› Les fruits

Préparation : 40 minutes Réfrigération : 2 heures	Cuisson : 10 minutes Macération : 1 heure	Réalisation : assez délicate	Coût : bon marché	Vin conseillé : Pacherenc-du-Vic-Bilh

Pêches farcies
au chocolat

Ingrédients (*pour 4 personnes*)

- ✓ 4 pêches blanches ou jaunes
- ✓ 150 g de sucre semoule
- ✓ 80 g de chocolat noir
- ✓ 25 cl de vin blanc sec
- ✓ 20 cl de crème liquide très froide
- ✓ 5 cl de Cognac
- ✓ 1 citron
- ✓ menthe fraîche, beurre, sucre glace

› LA RECETTE

- Préparez un sirop : dans une casserole, mélangez 150 g de sucre semoule et 50 cl d'eau. Portez à ébullition et laissez frémir 2 minutes. Laissez refroidir entièrement puis parfumez avec 5 cl de Cognac.
- Lavez les pêches. Mettez-les dans un récipient creux et arrosez-les avec le sirop au cognac. Ajoutez 25 cl de vin blanc sec, le jus d'1 citron et 1 branche de menthe fraîche. Laissez macérer 1 heure au réfrigérateur.
- Entre-temps, préparez la mousse. Faites fondre 80 g de chocolat noir au bain-marie. Hors du feu, ajoutez 20 g de beurre en parcelles et mélangez jusqu'à obtention d'une pâte lisse. Fouettez 20 cl de crème liquide en chantilly avec 20 g de sucre glace. Incorporez la chantilly au chocolat fondu. Réservez la mousse obtenue au réfrigérateur.
- Égouttez les pêches. Essuyez-les soigneusement. Coupez-les au niveau du chapeau pour les farcir, ainsi que légèrement à la base, pour les faire tenir debout. Retirez le noyau en insérant délicatement la lame d'un couteau.
- À l'aide d'une poche à douille, garnissez les pêches de mousse au chocolat en coiffant le sommet d'un léger feston. Posez-les sur un plat et mettez-les 2 heures au réfrigérateur. Pour servir, placez chaque pêche dans une coupelle et décorez de brins de menthe.

› CONSEIL

*Proposez des amaretti, petits macarons italiens à l'amande d'abricot, pour accompagner les pêches farcies.
Choisissez des pêches de belle taille, mûres à point et bien parfumées.
Ne jetez pas le sirop de macération, il pourra vous servir pour pocher d'autres fruits ou imbiber un biscuit roulé ou une génoise.*

› TOUR DE MAIN

Faites macérer les pêches dans un récipient pouvant juste les contenir. Couvrez pour que les fruits restent immergés et ne risquent pas de s'oxyder.

Préparation : 30 minutes | Cuisson : 40 minutes | Réalisation : facile | Coût : bon marché | Vin conseillé : un alcool de poire

Millefeuilles
aux poires

Ingrédients *(pour 4 personnes)*

- ✓ 6 poires
- ✓ 125 g de sorbet aux poires
- ✓ 1 citron
- ✓ 200 g de sucre
- ✓ 25 cl de crème fraîche
- ✓ 4 cl d'alcool de poire
- ✓ 1 feuille de gélatine
- ✓ beurre, sucre glace, miel

› LA RECETTE

- Pressez 1 citron. Dans une casserole, versez 200 g de sucre, 20 cl d'eau et la moitié du jus du citron. Portez à ébullition pendant 4 à 5 minutes jusqu'à ce que le sucre soit complètement dissous. Réservez.
- Lavez 4 poires et, à l'aide d'une mandoline ou à la trancheuse, découpez des tranches de 2 mm d'épaisseur dans le sens de la longueur. Plongez les tranches de poire dans le sirop de sucre et laissez cuire 20 minutes à feu doux.
- Pendant ce temps, préchauffez votre four à 150°C (thermostat 5). À l'aide de deux fourchettes, prélevez délicatement les tranches de poire et placez-les sur une plaque de cuisson anti-adhésive. Enfournez les poires pendant environ 20 minutes, ou jusqu'à ce qu'elles soient bien caramélisées. Transférez-les sur une grille légèrement huilée pour qu'elles refroidissent.
- Faites tremper 1 feuille de gélatine dans l'eau pendant 5 minutes. Faites tiédir 4 cl d'alcool de poire. Essorez la feuille de gélatine et dissolvez-la dans l'alcool. Laissez refroidir. Fouettez en chantilly 20 cl de crème fraîche avec 30 g de sucre glace. Incorporez doucement à l'alcool de poire refroidi mais non figé. Réservez au frais.
- Épluchez 2 poires, prélevez les trognons et coupez la chair en quartiers. Arrosez-les de l'autre moitié du jus de citron. Dans une sauteuse, faites caraméliser 30 g de miel avec 25 g de beurre. Ajoutez les quartiers de poires et faites-les sauter environ 15 minutes jusqu'à ce qu'ils soient dorés.
- Sur chaque assiette, montez un millefeuille de poire en alternant des tranches de poire caramélisées avec une cuillerée de crème à la poire. Disposez ensuite deux quartiers de poire sautés et chauds, et finissez par une boule de sorbet aux poires. Servez de suite.

› VARIANTE

Un sorbet au citron et au thym donnera une alliance intéressante pour ce dessert.
Si vous êtes pressé, passez les tranches de poire sous le gril du four quelques minutes pour une cuisson rapide.

Préparation : 25 minutes Réfrigération : 2 heures	Pas de cuisson	Réalisation : facile	Coût : assez cher	Vin conseillé : Gewürztraminer

Aspic d'ananas

Ingrédients (pour 4 personnes)

- ✓ 1 ananas
- ✓ 300 g de cassis
- ✓ 3 jaunes d'œuf
- ✓ 40 cl de jus d'orange frais
- ✓ 30 cl de lait
- ✓ 130 g de sucre
- ✓ 4 feuilles de gélatine
- ✓ 1 gousse de vanille

› LA RECETTE

- Mettez à tremper 4 feuilles de gélatine dans de l'eau froide pour les faire ramollir. Pendant ce temps, faites chauffer 40 cl de jus d'orange et 40 g de sucre dans une casserole jusqu'au frémissement. Laissez cuire durant quelques minutes pour que le sucre puisse se dissoudre parfaitement.
- Hors du feu, incorporez une à une les feuilles de gélatine essorées dans le jus d'orange en fouettant jusqu'à ce qu'elles aient complètement fondu.
- Épluchez 1 ananas, enlevez le trognon et découpez la chair en tranches. Placez-en 2 tranches au fond de chacun des 4 grands ramequins et complétez avec la préparation au jus d'orange de façon à bien recouvrir les tranches. Mettez au frais au moins 2 heures.
- Mixez 200 g de cassis et filtrez le jus. Faites chauffer 30 cl de lait dans une casserole avec une gousse de vanille fendue en deux. Battez 3 jaunes d'œuf avec 60 g de sucre et versez dessus le lait bouillant en fouettant.
- Faites cuire cette crème anglaise dans la casserole sur feu doux en remuant sans arrêt avec une cuillère en bois. Continuez à remuer jusqu'à ce que la crème nappe le dos de la cuillère. Hors feu, ajoutez la purée de cassis, filtrez et laissez refroidir.
- Dans une casserole, mélangez 100 g de cassis, 30 g de sucre et 1 cuillerée à soupe d'eau. Laissez cuire 5 minutes à feu doux jusqu'à ce que les baies éclatent. Mixez, filtrez, faites réduire de moitié et laissez refroidir.
- Versez la crème anglaise au cassis dans une sorbetière et laissez prendre. À la dernière minute, juste avant que la glace soit complètement prise, versez le sirop de cassis réduit. Servez la glace sur les aspics démoulés. Décorez de feuilles de menthe et de baies de cassis.

› CONSEIL

Remplacez le sucre par du miel de fleur d'oranger dans l'aspic et par du miel d'acacia dans la glace au cassis.

› TOUR DE MAIN

Démoulez les aspics en trempant le fond des ramequins dans de l'eau chaude pendant 2 secondes avant de les retourner sur les assiettes.

Préparation : 25 minutes	Cuisson : 50 minutes	Réalisation : facile	Coût : bon marché	Vin conseillé : Jurançon doux

Soupe Belle-Hélène

Ingrédients (pour 4 personnes)

- ✓ 6 poires
- ✓ 1 citron
- ✓ 250 g de chocolat (70 % de cacao)
- ✓ 250 g de sucre
- ✓ 20 cl de crème liquide
- ✓ 1 gousse de vanille

› LA RECETTE

- Pressez 1 citron. Épluchez 6 poires, coupez-les en deux pour ôter trognon, cœur et pépins. Arrosez-les avec la moitié du jus de citron. À l'aide d'un petit couteau d'office, fendez 1 gousse de vanille.
- Dans un faitout, faites fondre 250 g de sucre dans 1 litre d'eau à feu vif. Ajoutez la gousse de vanille au sirop de sucre avec le jus de citron restant. Faites pocher les poires dans le sirop environ 45 minutes jusqu'à ce qu'elles soient tendres. Laissez-les refroidir dans le sirop.
- Égouttez les poires en réservant le sirop. Au mixeur, réduisez-les en purée en ajoutant assez de sirop pour obtenir une soupe épaisse. Assaisonnez de jus de citron selon votre goût. Réservez au frais.
- Faites bouillir 20 cl de crème liquide. Hachez finement 250 g de chocolat et faites-le fondre au bain- marie.
- Réduisez de trois-quarts le sirop et passez-le au travers d'un tamis fin. Réduisez-le de nouveau jusqu'à obtention d'un caramel blond. Ajoutez sans tarder la crème bouillie. Faites réduire encore de moitié et ajoutez le chocolat fondu.
- Versez la soupe de poire dans des assiettes creuses. Réchauffez la sauce au chocolat et arrosez-en la soupe ou servez-la à part en saucière. Servez sans tarder.

› VARIANTE

Ce dessert est idéal pour utiliser vos épices favorites : ajoutez au sirop quelques graines de cardamome écrasées pour donner aux poires un subtil parfum oriental, ou incorporez 1 belle cuillerée à soupe de gingembre frais râpé pour éveiller les papilles. Vous pouvez aussi parfumer la crème au chocolat grâce à 1 cuillerée d'eau-de-vie de poire ou d'eau de fleur d'oranger.

› TOUR DE MAIN

Attention, le temps de pochage des poires varie selon les variétés et leur taux de maturité. Vérifiez en piquant à cœur les fruits de la pointe d'un petit couteau.
Pour donner le plus de saveur possible aux poires, faites-les pocher la veille et laissez-les refroidir toute la nuit dans le sirop.

Préparation : 20 minutes | Cuisson : 30 minutes | Réalisation : facile | Coût : bon marché | Vin conseillé : Jurançon

Minis cheese-cakes
aux brugnons

Ingrédients (pour 6 personnes)

- ✓ 500 g de fromage frais
- ✓ 200 g de spéculos
- ✓ 2 brugnons
- ✓ 1 citron non traité
- ✓ 2 œufs
- ✓ 125 g de beurre
- ✓ 125 g de sucre
- ✓ vanille en poudre, sucre glace

› LA RECETTE

- À l'aide d'une fourchette, écrasez les spéculos. Faites fondre 125 g de beurre puis versez-le sur les spéculos et mélangez. Tapissez-en le fond de 6 ramequins.
- Mélangez le fromage frais avec 125 g de sucre. Lavez le citron et râpez le zeste. Ajoutez-le à la préparation avec un peu de son jus selon votre goût. Ajoutez 1 pincée de vanille en poudre, puis 2 œufs.
- Préchauffez votre four à 180°C (thermostat 6).
- Épluchez 2 brugnons, Dénoyautez-les et découpez la chair en petits dés. Incorporez le fruit dans la préparation. Versez-la dans les ramequins et enfournez pour 25 à 30 minutes. Saupoudrez de sucre glace et servez tiède ou froid.

› TOUR DE MAIN

Vous pouvez servir les cheese-cakes directement dans les ramequins ou les démouler. Dans ce cas, tapissez le fond des ramequins de papier sulfurisé avant d'y mettre la pâte aux spéculos. Passez la lame d'un couteau autour du cheese-cake pour le dégager des bords du ramequin. Vous pouvez également les faire cuire dans des moules en papier de cuisson. Enfin, il est possible de confectionner un seul grand cheese-cake au lieu de plusieurs petits. Les proportions sont les mêmes, mais comptez environ 10 minutes supplémentaires de cuisson.

› CONSEIL

Le vrai cheese-cake américain se fait avec du « cream cheese », un fromage frais compact qui peut être remplacé convenablement par du fromage frais de type « Kiri » ou par des petits suisses. Vous pouvez aussi envisager de faire ces cheese-cakes avec un fromage blanc en faisselle ou un fromage frais de chèvre, mais la texture et le goût seront sensiblement différents. Pour une pâte moins typée, utilisez des petits beurres au lieu des spéculos. Choisissez des brugnons bien mûrs ou des pêches jaunes.

Préparation : 20 minutes | *Pas de cuisson* | *Réalisation : facile* | *Coût : assez cher* | *Vin conseillé : un champagne rosé brut*
Réfrigération : 2 heures 30

Salade de fruits *au champagne*

Ingrédients (pour 4 personnes)

- ✓ 2 bananes
- ✓ 1 pomme
- ✓ 1 poire
- ✓ 1 boîte d'arbouses au sirop
- ✓ 100 g de groseilles rouges
- ✓ 100 g de groseilles blanches
- ✓ 2 oranges
- ✓ 1 citron vert
- ✓ 1 bouteille de champagne demi-sec
- ✓ sucre roux

› LA RECETTE

- Pressez le jus de 2 oranges, relevez avec le jus d'1 citron vert et ajoutez du sucre roux selon votre goût.
- Enlevez la peau de 2 bananes et coupez-les en rondelles. Épluchez et coupez 1 pomme et 1 poire. Égouttez les arbouses et égrappez les groseilles.
- Mélangez les fruits ensemble et versez par-dessus la préparation au jus d'orange. Laissez macérer au réfrigérateur pendant au moins 2 heures.
- Trente minutes avant de servir, mettez 4 coupes à dessert au congélateur. Après 15 minutes, versez la salade de fruits dans les coupes froides et ajoutez du champagne demi-sec dans chaque coupe. Remettez au congélateur pour 15 minutes et servez.

› VARIANTE

Réservez le zeste du citron vert. Dans un grand rectangle de zeste, découpez plusieurs bandes minces sans les détacher complètement, pour faire une sorte d'éventail. Étalez-les sur les bords des coupes. Décorez de feuilles de menthe fraîche. Pour un dessert tonique, épluchez une noix de gingembre frais et pressez-la au travers d'un presse-ail pour en extraire le jus. Ajoutez-le à la préparation au jus d'orange.

› CONSEIL

Basez votre choix de fruits sur les saisons. Cette recette s'adapte à toutes les combinaisons de fruits, mais plus particulièrement aux fruits exotiques de toutes sortes : lichis, mangues, ananas, papayes… sans oublier les fruits rouges, véritable délice de fin d'été. Concernant le champagne, tout dépend de vos préférences. Mais sachez qu'un champagne sec conviendra mieux aux fruits bien parfumés et sucrés. Réservez le demi-sec pour les fruits plus acidulés.

Préparation : 45 minutes | *Cuisson : 25 minutes* | *Réalisation : facile* | *Coût : bon marché* | *Vin conseillé : Muscat de Beaumes de Venise*

Pommes farcies nougat et amandes

Ingrédients (pour 4 personnes)

- ✓ *4 pommes*
- ✓ *60 g de nougat blanc*
- ✓ *60 g d'amandes mondées*
- ✓ *50 g de noisettes en poudre*
- ✓ *25 g de beurre fondu*
- ✓ *4 cuillères à soupe de miel liquide*
- ✓ *le jus d'1 citron*
- ✓ *quelques brins de menthe fraîche*

› LA RECETTE

- Préchauffez votre four à 200°C (thermostat 6/7).
- Lavez et essuyez les pommes. Découpez un chapeau en y laissant la queue. Creusez l'intérieur des fruits à l'aide d'une cuillère à pomme parisienne. Citronnez-les pour éviter l'oxydation.
- Taillez la pulpe de pomme en petits dés (jetez le cœur et les pépins). Mettez-les dans une jatte et arrosez-les de jus de citron. Découpez le nougat blanc en petits dés. Mettez-les dans la jatte, ainsi que les amandes mondées et les noisettes en poudre. Ajoutez 4 feuilles de menthe fraîche ciselées. Mélangez délicatement.
- Découpez et beurrez au pinceau 4 grands carrés de papier sulfurisé. Farcissez les pommes évidées avec le contenu de la jatte. Posez le chapeau sur les fruits.
- Emballez chaque pomme farcie dans un carré de papier beurré. Fermez les papillotes avec un brin de raphia. Posez-les dans un plat et faites-les cuire au four pendant 25 minutes.
- À la sortie du four, ouvrez les papillotes et présentez les pommes sur des assiettes. Soulevez le chapeau et arrosez chaque fruit d'1 cuillerée à soupe de miel liquide. Décorez de menthe fraîche et servez aussitôt.

› CONSEIL

Si votre miel est cristallisé, faites-le fondre doucement au bain-marie.
Manger les pommes avec la peau apporte un complément de vitamines non négligeable ! Pensez à bien les laver.
Choisissez une variété de pomme se tenant bien à la cuisson (elstar, gala, golden, idared, jonagold ou melrose). Pensez aussi à la couleur : des fruits panachés de rouge rendront votre dessert encore plus beau !

› VARIANTE

Dans l'esprit des 13 desserts du Noël provençal, remplacez le nougat par d'autres mendiants coupés en petits dés : figues séchées, noix, noisettes, pistaches, cédrat confit ou écorces d'oranges... Une autre idée pour plaire aux petits gourmands : ajoutez quelques pépites de chocolat noir !

Préparation : 15 minutes | Cuisson : 5 minutes | Réalisation : facile | Coût : assez cher | Vin conseillé : Banyuls rouge

Crumble aux fraises et pralines

Ingrédients (pour 4 personnes)
- ✓ 750 g de fraises
- ✓ 300 g de pralines roses
- ✓ 3 branches de menthe fraîche
- ✓ beurre, cassonade

› LA RECETTE

- Lavez les fraises avant de les équeuter. Coupez-les en 4. Équeutez 3 branches de menthe fraîche et mettez de côté un tiers des feuilles pour décorer les assiettes. Hachez celles qui restent.
- Enveloppez les pralines roses dans un torchon et, avec un rouleau à pâtisserie, écrasez-les. Mixez la moitié pour les réduire en poudre, puis mélangez poudre et morceaux.
- Préparez vos assiettes de service, et juste avant de servir, faites fondre 30 g de beurre dans une poêle. Versez les fraises, placez sur feu vif, saupoudrez de 2 cuillerées à soupe de cassonade et de la menthe hachée, et faites-les sauter rapidement.
- Quand les fraises sont chaudes et caramélisées mais non cuites, versez-les dans les assiettes, saupoudrez de préparation aux pralines, décorez avec les feuilles de menthe et servez aussitôt.

› VARIANTE

Parfumez vos fraises à votre guise : la vanille en poudre se marie sans difficulté avec les fraises, tout comme le poivre ! Par contre, évitez des épices comme la cardamome pour cette recette, qui entrerait en conflit avec le côté sucré des pralines.

› TOUR DE MAIN

Fabriquer ses propres pralines n'est pas si difficile. Mesurez la même quantité de sucre que d'amandes et faites fondre le sucre dans une casserole à fond épais avec un peu d'eau. Quand il atteint le grand boulé (120 à 126°C), ajoutez les amandes et mélangez vigoureusement avec une cuillère en bois. Le sucre devient blanc et poudreux, colle aux amandes, puis commence à caraméliser. Quand les amandes sont bien dorées, versez-les sur un plat en téflon et laissez refroidir. Pour confectionner des pralines roses, tamisez-les quand elles sont couvertes de sucre blanc, récupérez le sucre et remettez-le dans la casserole, de préférence en cuivre non étamé. Faites-le fondre, ajoutez du colorant, puis remettez les amandes et mélangez-les jusqu'à ce qu'elles soient sèches.

Préparation : 30 minutes | Cuisson : 5 minutes | Réalisation : facile | Coût : bon marché | Accompagnement : assortiments de petits fours secs
Macération : 72 heures

Salade de fruits *du vieux garçon*

Ingrédients (pour 4 personnes)

- 2 abricots
- 2 pêches
- 2 nectarines
- 2 prunes
- 100 g de groseilles
- 100 g de myrtilles
- 100 g de mûres
- 500 g de sucre semoule
- 15 cl d'eau-de-vie

› LA RECETTE

- Dans une casserole, mélangez 500 g de sucre semoule et 1 litre d'eau. Faites bouillir 5 minutes sur feu vif. Retirez le sirop du feu et laissez-le refroidir entièrement.
- Lavez et essuyez les abricots, les pêches, les nectarines et les prunes. Ôtez les noyaux et coupez-les en quartiers. Égrappez les groseilles et les myrtilles. Triez les mûres.
- Versez 15 cl d'eau-de-vie dans le sirop de sucre refroidi. Transvasez-le dans une jatte. Plongez tous les fruits dans le sirop aromatisé. Mélangez-les délicatement, sans les écraser (veillez à ce qu'ils soient entièrement recouverts de sirop).
- Laissez macérer le mélange au frais 72 heures au minimum. Servez la salade du vieux garçon dans des coupes individuelles, en l'arrosant généreusement de son jus de macération.

› CONSEIL

Si vous avez la chance d'avoir beaucoup de fruits à disposition, doublez ou triplez les quantités de la recette et versez la salade de fruits dans des pots hermétiques. Elle se conservera longtemps, à l'abri de la lumière et de l'humidité. Sur le même principe, on prépare dans certaines régions une « confiture du vieux garçon » en emplissant des bocaux tout au long de l'été avec des fruits parvenus à maturité. Chaque couche de fruit est recouverte d'une couche de sucre et d'eau-de-vie, et il faut attendre le début de l'hiver pour déguster les fruits macérés.

› VARIANTE

D'autres baies telles que les framboises ou le cassis conviennent également. À la fin de l'été, les pêches de vigne, les raisins et les poires remplacent agréablement les nectarines et les abricots.

Préparation : 15 minutes | Pas de cuisson | Réalisation : facile | Coût : bon marché | Vin conseillé : un Madiran ou un Hermitage

Abricots farcis *crémeux*

Ingrédients (pour 4 personnes)

- ✓ *8 abricots mûrs*
- ✓ *4 grappes de groseilles*
- ✓ *200 g de crème liquide*
- ✓ *30 g de sucre glace*
- ✓ *2 cuillères à soupe d'amandes effilées*

› LA RECETTE

- Préchauffez le gril du four. Étalez les amandes sur une plaque et enfournez-les pendant quelques minutes pour les torréfier. Nettoyez les abricots, tranchez-les en deux et dénoyautez-les.
- Placez un petit saladier à fond arrondi (l'idéal étant d'utiliser un «cul de poule») sur un récipient rempli d'eau fraîche et de glaçons. Montez la crème en chantilly en ajoutant 30 g de sucre glace à la fin, ou plus selon votre goût.
- À l'aide d'une poche à douille, farcissez les moitiés d'abricot, parsemez-les d'amandes effilées et décorez-les de groseilles.

› TOUR DE MAIN

Monter la crème en chantilly consiste à incorporer de l'air dans une vraie crème à 35 % de matière grasse. Mais si on la fouette trop, elle se transforme en beurre. Ceci n'est tout de même pas facile si vous la fouettez à la main, et encore moins si la crème est bien froide. Si vous apercevez des reflets jaunes, allez jusqu'au bout, enveloppez votre beurre maison dans un torchon et utilisez-le pour faire une pâte sucrée.

› CONSEIL

Si vos abricots sont un peu acides, pochez les moitiés de fruits pendant 3 à 5 minutes dans un sirop confectionné à partir de 150 g de sucre et 25 cl d'eau. Hors saison, vous pouvez tout à fait utiliser des fruits au sirop.
L'abricot est particulièrement fragile. Évitez de le conserver au réfrigérateur. Par contre, il supporte bien la congélation, nature, ou dans un sirop de sucre agrémenté de jus de citron.

Préparation : 40 minutes
Repos : 45 minutes | Cuisson : 40 minutes | Réalisation : assez délicate | Coût : bon marché | Vin conseillé : un vin de paille du Jura

Croustade pommes *et pruneaux*

Ingrédients (pour 6 personnes)

- ✓ 8 pommes reinettes
- ✓ 200 g de farine
- ✓ 150 g de pruneaux
- ✓ le jus d'1 citron
- ✓ 1 œuf
- ✓ 2 cuillères 1/2 à soupe de graisse d'oie
- ✓ 2 cuillères à soupe d'Armagnac
- ✓ 5 cuillères à soupe de sucre
- ✓ 1 cuillère à café de cannelle
- ✓ 1 pincée de sel
- ✓ sucre glace

› LA RECETTE

- Mélangez 200 g de farine et 1 pincée de sel. Battez 1 œuf avec 7 cl d'eau, 1/2 cuillerée à soupe de graisse d'oie fondue et 1 cuillerée à café de jus de citron. Mélangez la préparation d'œuf à la farine et travaillez une dizaine de minutes. Laissez reposer 30 minutes.
- Dénoyautez les pruneaux et mettez-les à macérer dans 2 cuillerées à soupe d'Armagnac. Mêlez 5 cuillerées à soupe de sucre à 1 cuillerée à café de cannelle. Faites fondre la graisse d'oie restante. Épluchez les pommes, coupez-les en quartiers puis en tranches. Arrosez-les du jus de citron restant.
- Coupez la pâte en deux, étalez chaque morceau avec un rouleau, puis tirez-le doucement avec les mains pour en faire un carré mince. Laissez reposer 15 minutes, puis tirez encore pour obtenir des feuilles encore plus fines.
- Préchauffez votre four à 210°C (thermostat 7).
- Tapissez un moule à manqué beurré et fariné avec une couche de pâte. Badigeonnez de graisse d'oie, puis déposez-y les pruneaux. Mélangez les pommes avec le sucre à la cannelle et déposez-les sur la pâte. Couvrez la croustade d'une autre couche de pâte.
- Décorez la croustade avec la pâte restante. Saupoudrez-la de sucre glace et faites-la cuire 40 minutes. Avant de servir, saupoudrez à nouveau de sucre glace.

› CONSEIL

La graisse d'oie est un ingrédient traditionnel de la croustade béarnaise que vous pouvez remplacer par du beurre doux. Coupez la pâte restante en 9 bandes. Fabriquez 8 cornets dans du papier d'aluminium autour desquels vous roulerez 8 bandes de pâte. Disposez ces cornets en cercle sur la croustade. Faites une fleur avec la pâte restante et posez-la au milieu. Enlevez le papier aluminium après cuisson.

› TOUR DE MAIN

Travaillez la pâte sur une surface farinée pour éviter qu'elle ne colle.

Préparation : 10 minutes
Infusion : 15 minutes | Cuisson : 5 minutes | Réalisation : facile | Coût : bon marché | Vin conseillé : un Champagne rosé brut

Soupe de fraises
au vin rouge poivré

Ingrédients (pour 4 personnes)
- 500 g de fraises
- 10 branches de menthe fraîche
- 1 gousse de vanille
- 50 cl de vin rouge
- 60 g de sucre
- 2 cuillères à café de grains de poivre blanc

› LA RECETTE

- Lavez les fraises, équeutez-les et coupez-les en deux dans le sens de la longueur. Ôtez les feuilles de menthe et mettez-en 8 de côté pour décorer les assiettes. Fendez la gousse de vanille.
- Faites chauffer 60 g de sucre avec 4 cl d'eau à feu moyen pendant 5 minutes.
- Dans une sauteuse, portez à petite ébullition pendant quelques minutes 50 cl de vin rouge, la gousse de vanille et 2 cuillerées à café de grains de poivre blanc puis ajoutez le sirop de sucre et la menthe. Retirez du feu, couvrez et laissez infuser 15 minutes. Filtrez en pressant pour exprimer tout le parfum des feuilles de menthe. Grattez la gousse de vanille pour récupérer toutes les graines qui se trouvent à l'intérieur.
- Réchauffez le vin quelques minutes à feu moyen. Versez-le sur les fraises et laissez refroidir.
- Dressez la soupe de fraises dans des assiettes creuses, nappez avec le vin parfumé, donnez un tour du moulin à poivre blanc et décorez de feuilles de menthe.

› VARIANTE

*Pensez à utiliser aussi des feuilles de menthe confites ou bien de l'angélique pour décorer les assiettes.
Laissez libre cours à votre imagination pour cette recette en variant et en mélangeant les fruits : pamplemousse, melon, mangue, pêche, brugnons, myrtilles, tous conviennent à merveille. Essayez également des combinaisons différentes d'épices : un petit clou de girofle, une étoile de badiane, un bâton de cannelle...*

› CONSEIL

Ce ne sont pas les couleurs vives, ni les formes régulières, voire les emballages de luxe qui font les fraises... mais le goût, et la seule manière de s'assurer qu'elles sont bonnes est de les goûter. Préférez les fraises du Périgord, où nombreux sont les producteurs investis dans une démarche de qualité. Lavez toujours les fraises avant de les équeuter, sans jamais les laisser tremper dans l'eau, car elles l'absorbent, se gorgeant d'humidité et perdant leur saveur.

Préparation : 1 heure
Macération : 1 heure

Cuisson : 30 minutes

Réalisation : facile

Coût : bon marché

Vin conseillé : Gewurztraminer

Feuillantines
aux ananas

Ingrédients (pour 6 personnes)

- ✓ *1 ananas, 1 citron jaune*
- ✓ *1 morceau de gingembre frais (5 cm)*
- ✓ *1/2 gousse de vanille fendue en deux*
- ✓ *80 g de sucre semoule*
- ✓ *50 g de beurre mou*
- ✓ *20 cl de crème liquide*
- ✓ *50 g + 1 cuillère à soupe de sucre glace*
- ✓ *2 blancs d'œuf*
- ✓ *40 g de farine tamisée*
- ✓ *5 cl de rhum*
- ✓ *1 sachet de sucre vanillé*
- ✓ *quelques brins de menthe*
- ✓ *1 pincée de sel*

› LA RECETTE

- Ôtez l'écorce de l'ananas, coupez la chair en 12 tranches. Mettez-les dans un plat avec la vanille, le jus de 2 citrons et 5 cl de rhum. Pelez le gingembre, râpez-le et pressez la pulpe entre vos doigts pour recueillir le jus. Versez-le sur l'ananas. Laissez macérer 1 heure au réfrigérateur.
- Préparez la pâte des feuillantines. Dans une jatte, travaillez 50 g de beurre mou en pommade. Incorporez 50 g de sucre glace, 2 blancs d'œuf, 40 g de farine et 1 pincée de sel. Laissez reposer 30 minutes au frais.
- Préchauffez votre four à 180°C (thermostat 6).
- Déposez 6 tas de pâte sur une plaque antiadhésive et aplatissez-les en cercle. Faites-les cuire 8 minutes au four. Décollez les feuillantines et posez-les sur une grille. Renouvelez l'opération pour en cuire encore 6.
- Égouttez les tranches d'ananas (réservez le jus). Faites-les colorer quelques minutes dans une poêle antiadhésive. Retirez-les, versez 80 g de sucre semoule et 1 cuillerée à café d'eau dans la poêle. Faites cuire jusqu'à obtention d'un caramel puis déglacez avec le jus de macération. Laissez frémir 2 minutes.
- Montez 20 cl de crème liquide en chantilly avec 1 sachet de sucre vanillé. Sur chaque assiette, alternez 2 feuillantines, 2 couches de chantilly et 2 tranches d'ananas. Terminez par une feuillantine poudrée de sucre glace. Décorez de brins de menthe et servez.

› CONSEIL

Si vous n'avez pas pu vous procurer d'ananas et de gingembre frais, utilisez des tranches d'ananas au sirop et 1/2 cuillerée à café de gingembre en poudre. Inutile de faire macérer l'ananas. Gardez une partie du sirop pour déglacer la poêle. Cuisiner au moyen de poêles ou de moules antiadhésifs permet d'éviter de beurrer les ustensiles. Un gain de temps appréciable et quelques calories en moins !

› TOUR DE MAIN

Supprimez le plumet de l'ananas. Retirez l'écorce à l'aide d'un couteau-scie. Ôtez soigneusement les «yeux» du fruit.

Préparation : 20 minutes Réfrigération : 1 heure	Cuisson : 20 minutes	Réalisation : assez délicate	Coût : bon marché	Vin conseillé : le même Banyuls que dans la recette

Figues rôties
au jus de fraise

Ingrédients (pour 4 personnes)

- ✓ 8 figues
- ✓ 250 g de fraises
- ✓ 1/2 l de glace à la vanille
- ✓ feuilles de menthe
- ✓ 110 g de sucre
- ✓ 15 cl de Banyuls
- ✓ beurre, jus de citron

› LA RECETTE

- Lavez et équeutez les fraises. Dans une casserole, mélangez-les à 30 g de sucre, quelques gouttes de jus de citron et 20 cl d'eau. Portez à ébullition, puis mixez-les. Réfrigérez pendant 1 heure.
- Dans une petite casserole, versez 80 g de sucre et 2 cuillerées à soupe d'eau. Chauffez jusqu'à caramélisation. Ajoutez sans tarder 10 cl de banyuls et faites cuire le temps nécessaire pour faire fondre le caramel. Ajoutez 20 g de beurre.
- Préchauffez votre four à 210°C (thermostat 7). Lavez 8 figues. À l'aide d'un petit couteau, quadrillez les figues d'un côté et placez-les dans un plat à gratin, quadrillage en haut. Badigeonnez-les de sauce au banyuls. Enfournez pendant 20 minutes en arrosant régulièrement.
- Incorporez 5 cl de Banyuls au jus de fraise, ou plus selon votre goût. Versez le jus au fond de 4 assiettes creuses. Déposez 2 figues par personne et 1 boule de glace vanille. Décorez avec des feuilles de menthe.

› VARIANTE

Surprenez vos convives : poivrez le jus de fraise de poivre noir du moulin ou mieux, de poivre de Sichuan, et servez avec une boule de glace au caramel au beurre salé.

› TOUR DE MAIN

Remplacez le jus de fraise par un coulis de fraise. Pas de cuisson et donc pas de temps de réfrigération : mixez le coulis avec le sucre, puis ajoutez le Banyuls.

Préparation : 30 minutes | Cuisson : 1 heure 30 | Réalisation : assez délicate | Coût : bon marché | Vin conseillé : un vieux Porto blanc

Poires farcies
en robe feuilletée

Ingrédients (pour 4 personnes)

- ✓ 4 poires
- ✓ 250 g de pâte feuilletée
- ✓ 25 cl de jus d'orange
- ✓ 3 œufs
- ✓ 875 g de sucre
- ✓ 125 g de poudre d'amandes
- ✓ 125 g de beurre
- ✓ 30 g de farine
- ✓ le jus de 2 citrons
- ✓ 1 écorce d'orange confite
- ✓ 1 gousse de vanille
- ✓ 1 cuillère à soupe de Grand-Marnier

› LA RECETTE

- Fendez 1 gousse de vanille. Mettez-la dans une cocotte, ajoutez 750 g de sucre et 1 litre d'eau. Portez à petite ébullition et mélangez jusqu'à ce que le sucre fonde. Incorporez le jus de 2 citrons. Sortez 125 g de beurre du réfrigérateur.
- Découpez l'écorce d'orange confite en fine julienne. Épluchez 4 poires en laissant les queues. Plongez-les dans le sirop de sucre chaud, couvrez et faites-les pocher pendant 40 minutes à feu doux. Laissez refroidir les fruits dans le sirop.
- Travaillez le beurre en pommade avec 125 g de sucre. Ajoutez 2 œufs, puis incorporez 30 g de farine et 125 g de poudre d'amande.
- Préchauffez votre four à 210°C (thermostat 7). Égouttez les poires sur du papier absorbant et coupez-les aux trois-quarts de leur hauteur. Videz-les sans transpercer le fond et remplissez-les de crème d'amande. Replacez les chapeaux.
- Étalez la pâte feuilletée sur 1 cm d'épaisseur et découpez 4 cercles suffisamment grands pour envelopper les poires. Battez 1 œuf. Placez une poire au centre de chaque cercle, badigeonnez la pâte d'œuf et enfermez les poires en pinçant la pâte le long des quatre jointures.
- Dorez la pâte à l'œuf et enfournez pendant 35 à 40 minutes. Pendant ce temps, faites réduire le sirop jusqu'à obtention d'un caramel. Ajoutez 25 cl de jus d'orange et 1 cuillerée à soupe de Grand-Marnier. Mélangez sur feu doux en incorporant la julienne d'écorce d'orange. Servez cette sauce avec les poires.

› CONSEIL

Préparez les poires à l'avance jusqu'à les envelopper de pâte feuilletée. Ainsi, la pâte aura le temps de se reposer et rétrécira moins pendant la cuisson. Dorez-les juste au jaune d'œuf avant de les faire cuire.
Découpez des feuilles dans les chutes de pâte feuilletée pour décorer l'enveloppe des poires.

› TOUR DE MAIN

Pendant le pochage des poires, couvrez la surface de la casserole de papier sulfurisé puis d'une assiette pour qu'elles soient toujours entièrement immergées dans le sirop pendant la cuisson.

Préparation : 25 minutes
Infusion : 40 minutes
Réfrigération : 4 heures | Cuisson : 20 minutes | Réalisation : assez délicate | Coût : assez cher | Vin conseillé : un Rivesaltes

Mangues
à la crème de réglisse

Ingrédients *(pour 4 personnes)*

- ✓ 2 mangues
- ✓ 230 g de sucre
- ✓ 25 g de farine
- ✓ 4 bâtons de réglisse
- ✓ 2 jaunes d'œuf
- ✓ 20 cl de lait
- ✓ 10 cl de crème fraîche
- ✓ 5 feuilles de gélatine
- ✓ le jus d'1 citron vert
- ✓ 1 botte de menthe

› LA RECETTE

- Faites fondre 200 g de sucre dans 60 cl d'eau sur feu moyen pendant 5 minutes. Versez un tiers de ce sirop sur les feuilles de menthe dans une autre casserole. Amenez à ébullition pendant quelques minutes, puis mixez et filtrez en pressant bien.
- Faites bouillir pendant 10 minutes le sirop restant avec 3 bâtons de réglisse cassés en morceaux, puis laissez infuser 20 minutes hors feu. Filtrez. Faites ramollir les feuilles de gélatine dans l'eau froide 5 minutes puis incorporez-les dans le sirop de réglisse chaud. Réfrigérez cette préparation pendant au moins 4 heures.
- Faites bouillir 20 cl de lait avec 1 bâton de réglisse, couvrez et laissez infuser hors du feu pendant 20 minutes. £Fouettez ensemble les 2 jaunes d'œuf et 30 g de sucre, puis ajoutez 25 g de farine. Filtrez le lait de réglisse sur les jaunes en fouettant.
- Transvasez dans la casserole, laissez cuire à feu moyen en remuant jusqu'à ce que la crème pâtissière s'épaississe. Laissez refroidir. Montez 10 cl de crème fraîche en chantilly et incorporez-la à la crème de réglisse pour l'alléger.
- Épluchez les mangues et coupez-les en tranches. Arrosez de quelques gouttes de jus de citron vert. Découpez la gelée de réglisse en carrés.
- Intercalez les tranches de mangues avec de la crème à la réglisse. Disposez dessus des carrés de gelée de réglisse et versez autour le sirop de menthe.

› VARIANTE

Pour souligner les saveurs mentholées, faites infuser le lait avec quelques brins de menthe à la place de la réglisse. Vous pouvez aussi le parfumer simplement à la vanille.

› TOUR DE MAIN

Pour découper une mangue, détachez les deux «joues» de chair de part et d'autre du noyau, en le rasant au plus près. Pelez-les et détaillez-les en lanières que vous pouvez étaler en éventail.
Tamponnez la crème pâtissière avec un morceau de beurre après la cuisson, ce qui atténuera la formation d'une «peau» pendant qu'elle refroidit.

Préparation : 45 minutes | Cuisson : 15 minutes | Réalisation : assez délicate | Coût : bon marché | Vin conseillé : Riesling ou Gewurztraminer

Sabayon de fruits

Ingrédients (pour 4 personnes)

- 3 jaunes d'œuf
- 70 g de sucre semoule
- 1 cuillère à soupe de rhum
- 1 sachet de sucre vanillé
- 8 cl de vin blanc d'Alsace
- 1 pamplemousse rose
- 1 banane
- 1 orange
- 8 litchis au sirop
- 1 kiwi
- 1 poire
- 1 pêche
- 1 petit ananas frais
- 1 citron vert

LA RECETTE

- Préparez les fruits. Pelez à vif l'orange et le pamplemousse. Prélevez les quartiers en ôtant les épaisses peaux blanches intermédiaires. Épluchez le kiwi et la banane et coupez-les en rondelles. Pelez et épépinez la poire, pelez et dénoyautez la pêche et coupez-les en lamelles fines. Coupez l'ananas en tranches puis en petits morceaux en ôtant la partie centrale dure et la peau.
- Répartissez équitablement et en rosace les morceaux de fruits dans 4 petites assiettes allant au four. Pressez le citron vert et citronnez les fruits dans chaque assiette avec le jus.
- Allumez le gril du four.
- Préparez le sabayon. Placez une jatte dans un bain-marie et fouettez dedans les 4 jaunes d'œuf avec 70 g de sucre semoule, le sachet de sucre vanillé et la cuillérée à soupe de rhum. Lorsque le mélange est mousseux, incorporez petit à petit le vin blanc tout en continuant de fouetter. Il faut environ 5 minutes de ce fouettement vigoureux, toujours dans le bain-marie, pour que le sabayon ait blanchi et doublé de volume.
- Répartissez le sabayon délicatement dans les assiettes sur les fruits. Enfournez immédiatement et surveillez la coloration. Les fruits doivent légèrement caraméliser au bout de quelques minutes. Servez sans attendre.

CONSEIL

Même si le fouet à main est toujours préférable car on peut moduler plus facilement le rythme du battement, vous pouvez utiliser un fouet électrique, car ici la main fatiguerait trop !

TOUR DE MAIN

Décorez les assiettes de feuilles de menthe, d'une cerise non équeutée ou d'une petite fraise.

Le sabayon est assez délicat à réaliser dans la mesure où l'on doit fouetter longuement le mélange dans un bain-marie chaud mais non bouillant.

Préparation : 25 minutes | *Cuisson : 25 minutes* | *Réalisation : facile* | *Coût : bon marché* | *Vin conseillé : préférez du cidre*

Pommes flambées
et croûtons de pain d'épices

Ingrédients (pour 4 personnes)

- ✓ *4 pommes*
- ✓ *8 tranches de pain d'épices*
- ✓ *1 citron*
- ✓ *50 g de beurre*
- ✓ *50 g de sucre en poudre*
- ✓ *3 cl de rhum ou de calvados*

› LA RECETTE

- Pressez le citron. Lavez et essuyez les pommes. Évidez-les et coupez-les en rondelles de 1 cm d'épaisseur. Arrosez-les avec le jus de citron. Réservez-les sur une assiette.
- Posez 2 grandes poêles sur feu moyen. Faites fondre 25 g de beurre dans chacune d'elles et mettez-y les pommes (en évitant de les superposer). Laissez-les cuire 15 minutes en les retournant délicatement à mi-cuisson.
- Lorsque les pommes sont dorées, assemblez-les dans une seule poêle. Versez-y 3 cl de rhum ou de calvados et flambez avec une allumette. Dès que les flammes s'éteignent, saupoudrez les pommes avec 50 g de sucre en poudre. Laissez caraméliser environ 5 minutes puis retirez du feu. Réservez au chaud.
- À l'aide d'emporte-pièce aux formes variées, découpez 16 croûtons de pain d'épices. Faites-les griller quelques minutes dans une poêle antiadhésive très chaude.
- Répartissez les rondelles de pommes flambées sur 4 assiettes, arrosez-les de jus caramélisé. Décorez avec les croûtons de pain d'épices et servez aussitôt.

› TOUR DE MAIN

À défaut d'emporte-pièce, coupez chaque tranche de pain d'épices en diagonale pour obtenir 2 petits triangles. Vous aurez moins de perte et le résultat sera tout aussi savoureux ! Pensez à écroûter les tranches avant de les faire griller à la poêle. Cette recette peut être l'occasion d'utiliser du pain d'épices un peu rassis. Dans ce cas, faites dorer les croûtons dans un peu de beurre mousseux comme s'il s'agissait de croûtons de pain.

› CONSEIL

Choisissez des pommes qui se tiennent bien à la cuisson comme les goldens ou les granny-smith. D'autres variétés, telles que gala ou jonagold, conviennent également très bien. Évitez les boskoops, les canada ou les reinettes, qui s'écrasent en cuisant. Rendez ce dessert inoubliable en l'accompagnant d'une boule de glace au pain d'épices!

Préparation : 45 minutes
Réfrigération : 12 heures | Cuisson : 20 minutes | Réalisation : facile | Coût : bon marché | Vin conseillé : Un Sauternes ou un Muscat

Poires
au thé

Ingrédients (pour 6 personnes)

- ✓ 6 poires
- ✓ 150 g de sucre semoule
- ✓ 1 citron non traité
- ✓ 1 gousse de vanille
- ✓ 1 cuillère à soupe de Maïzena
- ✓ 2 cuillères à café de feuilles de thé

› LA RECETTE

- Lavez le citron sous l'eau tiède en le brossant. Séchez-le, prélevez le zeste fin et pressez-le. Fendez la gousse de vanille en deux sur toute sa longueur.
- Pelez les poires en les gardant entières avec la queue. Incisez les fruits en diagonale peu profondément sur toute leur surface. Citronnez-les avec le jus du citron.
- Portez à ébullition 75 cl d'eau. Aux premiers frémissements, coupez le feu et jetez les feuilles de thé. Remuez et laissez infuser 5 minutes. Filtrez le thé et versez-le dans une grande casserole. Ajoutez 150 g de sucre, la gousse de vanille fendue et le zeste de citron. Portez à ébullition.
- Lorsque le mélange frémit, introduisez les poires dans le thé. Faites-les pocher à couvert environ 15 minutes à petits frémissements, jusqu'à ce qu'elles soient bien tendres. Sortez les poires du sirop et égouttez-les.
- Délayez 1 cuillerée à soupe de Maïzena dans 2 cuillerées d'eau. Prélevez 50 cl du sirop des poires et portez-le à ébullition. Incorporez la Maïzena délayée dans la casserole en fouettant. Laissez épaissir une minute puis retirez du feu.
- Récupérez les petites graines de vanille contenues dans la gousse en grattant avec la pointe d'un couteau. Ajoutez-les au sirop et laissez refroidir.
- Arrosez les poires du reste de leur jus de cuisson et mettez-les au réfrigérateur pendant 12 heures. Réfrigérez d'autre part le sirop vanillé. Servez très frais après avoir nappé les fruits de sirop.

› CONSEIL

Choisissez un thé très parfumé en fonction de vos goûts et ne prolongez pas excessivement l'infusion. Il y perdrait en saveur et gagnerait trop en amertume.

› AU MARCHÉ

Choisissez des poires mûres mais pas trop, le doigt ne doit pas sentir le fruit trop moelleux sous la pression. Beaucoup de variétés se prêtent facilement à ce type de cuisson : doyenne du comice, williams, conférence...

Préparation : 10 minutes | Cuisson : 10 minutes | Réalisation : facile | Coût : bon marché | Vin conseillé : un Muscat

Gratin
de pamplemousse

Ingrédients (pour 4 personnes)

- 4 pamplemousses roses
- 3 jaunes d'œuf
- 6 cuillères à soupe de crème fraîche
- 4 cuillères à soupe de sucre

› LA RECETTE

- Coupez les extrémités des pamplemousses, puis à l'aide d'un petit couteau bien aiguisé, enlevez des bandes comprenant l'écorce, la partie blanche et la membrane. Éliminez ensuite toutes les parties blanches restantes. Posez le fruit dans la paume de la main sans le presser et faites glisser la lame du couteau de part et d'autres des membranes pour détacher les quartiers.
- Fouettez vigoureusement 3 jaunes d'œuf avec 4 cuillerées à soupe de sucre. Battez la crème fraîche et incorporez-la aux jaunes.
- Préchauffez le four en position gril. Disposez les quartiers de pamplemousse en rosace sur des assiettes allant au four. Versez par-dessus la préparation à l'œuf et placez les assiettes sous le gril pendant 8 à 10 minutes ou jusqu'à ce que le gratin soit bien doré.

› VARIANTE

Le goût du pamplemousse se suffit à lui-même. En revanche, si vous souhaitez réaliser ce gratin avec un autre fruit, pensez à marier de la cardamome verte aux oranges, de la vanille aux mangues ou du poivre noir aux fruits rouges.
Ce gratin se prête à une jolie présentation individuelle, tandis qu'il est relativement difficile à servir équitablement s'il est proposé dans un plat à gratin.

› CONSEIL

Le plus grand des agrumes faciles à trouver sur nos marchés, que nous appelons de manière générale le pamplemousse, est plus souvent un pomelo. Achetez des fruits lourds à la peau tendue et brillante. Préférez les blancs pour faire du jus et la chair ferme et goûteuse des Star Ruby pour ce gratin. Le vrai pamplemousse, très prisé en Asie, est plus difficile à trouver : il est plutôt sphérique ou piriforme, a une écorce épaisse et un goût très parfumé.

Préparation : 25 minutes | *Macération : 1 heure* | *Cuisson : 15 minutes* | *Réalisation : assez délicate* | *Coût : assez cher* | *Vin conseillé : Porto blanc*

Salade de figues
sabayon au Porto

Ingrédients (pour 4 personnes)

- ✓ *16 figues*
- ✓ *le jus d'1/2 citron*
- ✓ *le jus d'1/2 orange*
- ✓ *100 g de sucre semoule*
- ✓ *4 jaunes d'œuf*
- ✓ *40 g d'amandes effilées*
- ✓ *1 cuillère à soupe de cassonade*
- ✓ *2 pincées de cannelle*
- ✓ *10 cl de Porto blanc + 2 cuillères à soupe*

› LA RECETTE

- Rincez les figues sous l'eau et essuyez-les. Ne les pelez pas. Posez-les debout sur une planche et coupez-les en deux, puis en quatre : elles s'ouvrent comme des fleurs.
- Disposez les figues côte à côte dans un compotier. Saupoudrez-les de 2 pincées de cannelle et d'1 cuillerée à soupe de cassonade. Arrosez-les avec le jus de citron, le jus d'orange et 2 cuillerées à soupe de porto blanc. Laissez-les macérer pendant 1 heure au réfrigérateur.
- Faites dorer les amandes effilées dans une poêle antiadhésive. Réservez-les.
- Mettez les jaunes d'œuf et 100 g de sucre semoule dans une jatte. Placez-la au bain-marie, sur feu doux. Mélangez au fouet à main jusqu'à obtention d'une consistance mousseuse. Continuez de battre au fouet électrique tout en incorporant peu à peu 10 cl de Porto blanc. Fouettez encore 5 minutes jusqu'à ce que le sabayon soit ferme et double de volume.
- Répartissez la préparation dans 4 petites assiettes creuses. Parsemez la surface d'amandes effilées grillées. Posez 4 figues en fleur sur le sabayon. Servez aussitôt.

› VARIANTE

Vous pouvez remplacer le porto blanc par un vin blanc parfumé (Riesling, Gewurztraminer). Vous pouvez également choisir un vin liquoreux (Sauternes, Jurançon, Muscat) ou un vin d'apéritif et de dessert tel que le Xérès ou le Marsala. Transvasez le sabayon dans 4 petits plats à crème brûlée. Parsemez d'amandes effilées (non dorées à la poêle). Faites caraméliser quelques minutes sous le gril du four.

› CONSEIL

Achetez les figues par petites quantités car elles sont très fragiles. Assurez-vous de leur maturité en les palpant délicatement (et discrètement !) : leur chair doit être souple. À noter : une figue à peau verte peut être aussi mûre qu'une figue à peau violette. Conservez-les au réfrigérateur dans une boîte hermétique, en évitant qu'elles se touchent.

Préparation : 40 minutes | *Cuisson : 40 minutes* | *Réalisation : facile* | *Coût : bon marché* | *Boisson conseillée : un thé Earl Grey*

Charlotte
aux pommes chaudes

Ingrédients (pour 4 personnes)

- ✓ *500 g de pommes à cuire*
- ✓ *220 g de beurre*
- ✓ *10 cuillères à soupe de sucre*
- ✓ *zeste et jus d'1/2 citron*
- ✓ *1/2 pain de mie*

› LA RECETTE

- Pelez les pommes et éliminez les trognons. Coupez-les en gros morceaux et mettez à cuire dans une casserole, sur feu doux, avec 150 g de beurre, 8 cuillerées à soupe de sucre semoule, les jus et zeste du demi-citron. Laissez mijoter doucement jusqu'à ce que le mélange soit tendre et pulpeux.
- Préchauffez votre four à 200°C (thermostat 6/7). Retirez la croûte du pain de mie et coupez-le en tranches de 0,5 cm d'épaisseur s'il est entier. Faites ramollir 50 g de beurre.
- Avec un pinceau, tartinez les tranches de beurre mou. Découpez 4 tranches en cercles de la taille du fond de 4 petits moules d'environ 10 cm de diamètre ou de ramequins. Découpez le reste des tranches en bandes d'environ 3,5 cm de largeur.
- Toujours à l'aide du pinceau, beurrez les moules avec 20 g de beurre fondu. Saupoudrez chacun d'une demi-cuillerée à soupe de sucre et tapotez pour bien tapisser les parois.
- Placez les bandes de pain de mie en les faisant se chevaucher légèrement pour empêcher les pommes de s'échapper en cours de cuisson. Remplissez chaque moule environ aux 3/4 de purée de pomme tiède. Recouvrez avec le cercle de pain de mie.
- Enfournez à 200°C pendant 10 minutes, puis réduisez la température du four à 160°C (thermostat 5/6) et poursuivez la cuisson 20 à 30 minutes. Dès que le pain est ferme et doré, stoppez la cuisson.

› CONSEIL

Préparez une sauce au caramel au beurre, une crème anglaise à la vanille ou tout simplement une crème fouettée.
Servez ce dessert chaud mais non brûlant.
En Angleterre, on prépare ce dessert avec des pommes bramley, compromis entre la reinette et la golden, trop acides pour être consommées crues. À défaut, utilisez des pommes à cuire de votre variété préférée.

Préparation : 15 minutes | *Cuisson : 5 minutes* | *Réalisation : facile* | *Coût : bon marché* | *Boisson conseillée : un thé au jasmin*

Carpaccio d'orange *au pain d'épices*

Ingrédients (pour 4 personnes)

- ✓ *6 oranges*
- ✓ *4 tranches de pain d'épices*
- ✓ *50 g de miel*
- ✓ *50 g de sucre*
- ✓ *1 bâton de cannelle*
- ✓ *2 branches de menthe*

› LA RECETTE

- Pelez à vif 4 oranges : coupez les extrémités et posez le fruit sur une de ses bases. En un mouvement de haut en bas, enlevez des bandes comprenant l'écorce, la partie blanche et la membrane. Coupez les fruits en tranches et mettez-les au frais.
- Dans une casserole à fond épais, versez 50 g de sucre avec 50 g de miel et 15 cl d'eau. Ajoutez 1 bâton de cannelle. Réservez 8 feuilles de menthe et placez ce qui reste des 2 branches, y compris les tiges, dans la casserole.
- Faites bouillir le tout, puis faites réduire d'un tiers. Retirez la casserole du feu, couvrez et laissez infuser 5 minutes. Filtrez la sauce.
- Préchauffez votre four à 180° (thermostat 6). Coupez 4 tranches de pain d'épices en cubes pour faire des croûtons et placez-les sur une plaque allant au four. Enfournez-les pour quelques minutes, le temps de les rendre légèrement croustillants.
- Empilez les tranches d'oranges sur des assiettes. Arrosez de sauce, parsemez de croûtons de pain d'épices et décorez avec les feuilles de menthe restantes.

› CONSEIL

Servez ce dessert avec des zestes d'orange confits : à l'aide d'un couteau Économe, levez le zeste et taillez-le en petite julienne. Placez la julienne dans une casserole et couvrez-la d'eau froide. Portez à ébullition, égouttez et rafraîchissez sous l'eau froide. Faites fondre 150 g de sucre dans 350 g d'eau et plongez-y le zeste blanchi. Faites bouillir à feu moyen jusqu'à ce que le sirop s'évapore et commence à caraméliser. Égouttez le zeste confit et étalez les morceaux sur une grille pour qu'ils refroidissent.

Ajoutez des amandes grillées hachées grossièrement ou, mieux encore, des pistaches.

Pour couper des tranches d'orange parfaites, placez les fruits pelés à vif au congélateur pendant une dizaine de minutes.

Préparation : 10 minutes
Réfrigération : 3 heures

Pas de cuisson

Réalisation : facile

Coût : assez cher

Vin conseillé : le même vin que pour la recette

Soupe *de fraises*

Ingrédients (pour 4 personnes)

- ✓ *500 g de fraises*
- ✓ *10 cl de vin rouge léger*
- ✓ *10 cl de sirop de sucre de canne*
- ✓ *1 sachet de sucre vanillé*
- ✓ *1/2 citron*
- ✓ *1 branche de menthe*
- ✓ *1 cuillère à soupe de poivre de Sichuan*

› LA RECETTE

- Équeutez les fraises sans les laver, puis coupez-les en quatre. Mettez-les dans un saladier et poudrez-les avec un sachet de sucre vanillé.
- Pressez le demi-citron. Arrosez les fraises de jus de citron. Écrasez grossièrement 1 cuillerée à soupe de poivre de Sichuan et ajoutez-la dans le saladier.
- Mélangez 10 cl de sirop de sucre de canne et 10 cl de vin rouge. Versez ce mélange sur les fraises. Rincez et ciselez quelques feuilles de menthe (conservez-en quelques-unes pour la décoration) et ajoutez-les dans le saladier. Remuez très délicatement et laissez mariner 3 heures au frais.
- Avant de servir, pêchez les fraises avec une écumoire. Répartissez-les dans 4 petites assiettes creuses. Filtrez le jus de macération et versez-le dans les assiettes sur les fraises. Décorez de feuilles de menthe et servez bien frais.

› VARIANTE

Cette recette sera également succulente si vous la préparez avec un vin rosé léger de Provence.
À défaut de poivre de Sichuan, utilisez un peu de poivre noir du moulin. Donnez environ 2 ou 3 tours.
N'hésitez pas à ajouter d'autres fruits à vos fraises pour en faire une vraie soupe de fruits raffinée : framboises, quartiers de pêche ou tranches de kiwi..

› CONSEIL

Posez au centre de l'assiette une boule de très bonne glace à la vanille ou de sorbet à la fraise. Proposez également de petites galettes sablées au beurre ou des cigarettes russes.

Préparation : 1 heure | Cuisson : 25 minutes | Réalisation : assez délicate | Coût : assez cher | Vin conseillé : un Jurançon moelleux

Douillons
aux poires

Ingrédients (pour 4 personnes)

- ✓ 4 poires
- ✓ 400 g de pâte feuilletée
- ✓ 12 fruits de la passion
- ✓ 150 g de sucre semoule
- ✓ 1 œuf
- ✓ 1/2 citron
- ✓ 1 bâton de cannelle
- ✓ 50 g de beurre fin en parcelles
- ✓ quelques brins de menthe
- ✓ 1 pincée de sel

› LA RECETTE

- Pelez les poires en gardant la queue. Arrosez-les avec le jus d'1/2 citron pour leur éviter de s'oxyder.
- Recueillez la pulpe des fruits de la passion à l'aide d'une petite cuillère. Filtrez-la à travers une passoire pour éliminer les graines. Versez le jus dans une casserole. Ajoutez 10 cl d'eau, 150 g de sucre semoule et 1 bâton de cannelle. Introduisez les poires. Couvrez et laissez cuire à petits frémissements jusqu'à ce que les fruits soient tendres (environ 15 minutes). Laissez-les refroidir dans le sirop.
- Préchauffez votre four à 210°C (thermostat 7).
- Étalez la pâte feuilletée en 4 disques minces sur le plan de travail fariné. Égouttez les poires cuites. Épongez-les dans du papier absorbant. Posez un fruit au centre de chaque disque de pâte. Enrobez-les soigneusement de feuilletage en laissant dépasser la queue.
- Cassez l'œuf dans un bol et battez-le à la fourchette avec 1 pincée de sel. Posez les poires sur une plaque à pâtisserie légèrement humide. Au pinceau, badigeonnez le feuilletage à l'œuf battu. Glissez la plaque dans le four. Laissez cuire environ 10 minutes jusqu'à obtention d'une belle croûte dorée.
- Entre-temps, faites réduire le sirop de cuisson des deux tiers. Hors du feu, incorporez le beurre en fouettant pour lier. Dressez les poires sur les assiettes, entourez-les de sauce à la passion et décorez de brins de menthe.

› CONSEIL

Liez la sauce avec du beurre salé !
Choisissez de préférence des poires williams ou doyenné du comice pour leur chair ferme, fine et bien parfumée. Prenez des fruits de taille égale, ni trop mûrs, ni trop verts. Originaires d'Amérique du Sud et d'Afrique, les fruits de la passion sont disponibles toute l'année. L'aspect extérieur fripé est un signe de maturité : sous l'écorce cabossée se cache une pulpe très parfumée !

Préparation : 20 minutes | Cuisson : 20 minutes | Réalisation : facile | Coût : assez cher | Vin conseillé : L'Étoile, ou un Coteaux-du-Layon

Mirabelles *caramélisées*

Ingrédients (pour 4 personnes)

- ✓ 500 g de mirabelles
- ✓ 4 fruits de la passion
- ✓ 8 feuilles de brick
- ✓ 2 jaunes d'œuf
- ✓ 150 g de sucre en poudre
- ✓ 75 g de beurre demi-sel
- ✓ 25 g de beurre doux
- ✓ 2 cuillères à soupe de poudre d'amandes

› LA RECETTE

- Faites fondre 75 g de beurre salé dans une poêle et incorporez 100 g de sucre. Dès que le caramel se forme, tournez la poêle pour répartir le beurre caramélisé et ajoutez les mirabelles dénoyautées et coupées en deux. Remuez les fruits avec une cuillère en bois pour les enrober de caramel. Laissez cuire pendant 10 minutes sur feu doux pour que le jus des fruits s'évapore et que l'ensemble devienne croustillant.
- Dans une jatte, mettez 2 jaunes d'œuf, 50 g de sucre et 2 cuillerées à soupe de poudre d'amandes. Mélangez. Ouvrez les fruits de la passion en deux et récupérez la pulpe à l'aide d'une petite cuillère. Ajoutez la pulpe dans la jatte et mélangez à nouveau.
- Posez sur toutes les feuilles de brick un petit cercle à pâtisserie. Coupez la pâte au couteau en un disque débordant le cercle d'au moins 5 cm. À l'aide d'un pinceau, badigeonnez chaque feuille de brick avec 25 g de beurre doux fondu.
- Préparez 4 petits cercles à pâtisserie et disposez 2 disques de feuilles de brick sur chacun. Enfoncez délicatement le centre des feuilles avec la main en laissant les bords de pâte retomber sur les bords.
- Préchauffez votre four à 180°C (thermostat 6).
- Garnissez une tôle à pâtisserie de papier sulfurisé et déposez dessus les 4 cercles garnis. Répartissez les mirabelles caramélisées et la préparation aux fruits de la passion sur les feuilles de brick. Enfournez pour 10 minutes. Servez tiède.

› CONSEIL

La saison des mirabelles est très courte : environ de mi-août à mi-septembre. Choisissez des mirabelles bien jaunes et couvertes d'une fine pellicule blanche qui garantit leur fraîcheur. À défaut de mirabelles fraîches, utilisez des fruits surgelés ou au sirop.

› TOUR DE MAIN

Manipulez les feuilles de brick avec précaution. Elles ne doivent pas être percées pour que la préparation ne s'écoule pas pendant la cuisson au four.

Préparation : 45 minutes
Réfrigération : 1 heure | Cuisson : 20 minutes | Réalisation : facile | Coût : bon marché | Vin conseillé : un vin doux de Loire

Sablés
aux pêches

Ingrédients (pour 4 personnes)

- 4 pêches
- 1 œuf + 1 jaune
- 125 g de beurre
- 80 g de crème fraîche
- 150 g de farine
- 80 g de sucre en poudre
- 50 g de sucre glace
- 6 brins de menthe fraîche
- 1 cuillère à café de jus de citron
- 1 cuillère à café de levure chimique
- 2 pincées de vanille en poudre
- sel

› LA RECETTE

- Dans un saladier, mélangez 150 g de farine, 50 g de sucre glace, 1 pincée de vanille en poudre et 1 cuillerée à café de levure chimique. Ajoutez 125 g de beurre froid coupé en petits morceaux et incorporez-le en « sablant » rapidement du bout des doigts.
- Ajoutez 1 jaune d'œuf et 1 cuillerée à café de jus de citron, en travaillant la préparation juste assez pour obtenir la consistance d'une pâte à tarte. Enveloppez cette pâte dans un torchon propre et mettez-la au frais au moins 30 minutes.
- Préchauffez votre four à 210°C (thermostat 7).
- Étalez la pâte et découpez des cercles à l'aide d'un emporte-pièce cannelé. Piquez la pâte avec une fourchette. Battez 1 œuf et badigeonnez les sablés avec cette dorure. Laissez-les reposer au frais pendant 30 minutes. Enfournez pour environ 20 minutes. Réservez.
- Versez 50 g de sucre dans une casserole avec 10 cl d'eau. Portez à ébullition pour faire fondre le sucre. Ajoutez 4 brins de menthe, faites bouillir puis, hors du feu, couvrez et laisser infuser 15 minutes. Pendant ce temps, épluchez 4 pêches, coupez-les en deux, puis tranchez les moitiés.
- Une fois le sirop de sucre infusé, filtrez-le, réchauffez-le et versez sur les quartiers de pêche. Laissez refroidir. Battez 80 g de crème fraîche avec 1 pincée de vanille en poudre et 30 g de sucre, ou plus selon votre goût.
- Au moment de servir, égouttez les pêches. Placez 2 sablés sur chaque assiette. À l'aide d'une poche à douille, garnissez-les de crème fouettée. Posez sur chaque sablé une moitié de pêche tranchée, étalée en éventail. Garnissez de crème et chapeautez d'un autre sablé. Décorez l'assiette de feuilles de menthe fraîche.

› CONSEIL

Vous pouvez préparer les sablés un jour ou deux à l'avance, à condition de les réserver dans une boîte hermétiquement fermée. Pour les pêches, préparez-les et réservez-les dans le sirop à la menthe quelques heures à l'avance, en fouettant la crème juste avant l'arrivée de vos invités. Gardez-la au frais.

› TOUR DE MAIN

Ne laissez pas trop cuire les sablés, qui doivent être tout juste dorés.

Préparation : 45 minutes | Cuisson : 25 minutes | Réalisation : facile | Coût : bon marché | Vin conseillé : un Anjou rosé

Millefeuilles
aux reinettes caramélisées

Ingrédients (pour 4 personnes)

- ✓ 4 pommes reinettes ou Canada
- ✓ 500 g de pâte feuilletée
- ✓ 1 jaune d'œuf
- ✓ 25 g de beurre
- ✓ 10 cl de Calvados
- ✓ 2 cuillères à soupe de sucre en poudre
- ✓ 1 cuillère à soupe de sucre glace
- ✓ 1 poignée de framboises (facultatif)

› LA RECETTE

- Préchauffez votre four à 200°C (thermostat 6/7).
- Lavez et séchez les pommes. Évidez-les sans les peler et coupez-les en tranches épaisses (2 à 3 cm environ). Étalez-les sur la plaque du four beurrée. Poudrez-les avec 2 cuillerées à soupe de sucre et parsemez-les de 25 g de beurre en petits morceaux. Ajoutez une cuillerée à soupe d'eau et enfournez pour 15 minutes environ, jusqu'à ce que les pommes soient tendres et caramélisées. Réservez au chaud.
- Mélangez le jaune d'œuf à 2 ou 3 cuillerées à soupe d'eau froide. Étalez la pâte feuilletée et découpez-la en 12 carrés de 9 à 10 cm de côté. Placez-les sur la plaque à pâtisserie humide et badigeonnez-les de jaune d'œuf à l'aide d'un pinceau. Faites cuire les feuilletés 10 minutes au four à 210°C (thermostat 7). Décollez-les de la plaque avec une spatule.
- Dressez les millefeuilles en superposant et en alternant 3 carrés feuilletés et 3 tranches de pommes caramélisées. Mettez-les à réchauffer dans le four éteint.
- Posez un millefeuille dans chaque assiette. Faites chauffer 10 cl de calvados dans une petite casserole. Flambez l'alcool dans la casserole et arrosez les millefeuilles d'alcool en feu. Lorsque les flammes s'éteignent, poudrez de sucre glace et décorez de quelques framboises.

› CONSEIL

Prenez garde, lorsque vous flambez le Calvados, de ne jamais le faire sous une hotte aspirante, surtout si celle-ci fonctionne ! L'appel d'air pourrait faire grimper la flamme et déclencher un incendie.

› TOUR DE MAIN

Pensez, lorsque vous badigeonnez les carrés de pâte feuilletée de jaune d'œuf, à laisser 1/2 cm de marge sur les pourtours que vous ne toucherez pas. En effet le jaune d'œuf, en bavant sur les côtés, peut avoir comme effet d'empêcher la pâte feuilletée de monter.

Préparation : 30 minutes | Cuisson : 15 minutes | Réalisation : assez délicate | Coût : assez cher | Vin conseillé : un Marsala doux de Sicile

Sabayon
aux cerises

Ingrédients (pour 4 personnes)

- ✓ 750 g de cerises bien mûres
- ✓ 8 jaunes d'œuf
- ✓ 180 g de sucre en poudre
- ✓ 25 cl de Marsala sec
- ✓ 2 cuillères à soupe de kirsch

› LA RECETTE

- Dénoyautez les cerises et coupez-les en deux.
- Versez 50 cl d'eau dans une casserole, ajoutez 20 g de sucre. Amenez doucement à ébullition. Jetez les cerises dans ce sirop léger. Laissez pocher 5 minutes. Égouttez et arrosez les fruits de 2 cuillerées à soupe de kirsch. Réservez-les au réfrigérateur.
- Préparez le sabayon au dernier moment : mettez les jaunes d'œuf dans une jatte ou dans une casserole. Ajoutez 160 g de sucre en pluie et fouettez pour que le mélange blanchisse et forme un ruban lorsqu'on soulève le fouet.
- Préparez un bain-marie sur feu doux. Placez la jatte ou la casserole dans le bain-marie. Ajoutez peu à peu 25 cl de Marsala en fouettant. En chauffant, la masse va progressivement augmenter de volume. Continuez à fouetter pour qu'elle devienne mousseuse et légère jusqu'à ce qu'elle ait doublé.
- Répartissez les cerises froides dans des petits plats individuels. Nappez de sabayon chaud et servez aussitôt.

› CONSEIL

Pour cette recette, vous pouvez acheter des bigarreaux, des burlats par exemple, bien sucrés. Si vous aimez les cerises anglaises, de courte saison, vous devrez sucrer davantage le sirop de cuisson.

› TOUR DE MAIN

Si vous désirez servir le sabayon froid, fouettez-le hors du feu jusqu'à complet refroidissement.
Pour dénoyauter plus rapidement les cerises, utilisez un dénoyauteur à cerises ou à olives. Ouvrez ensuite les cerises en deux.

Index

Index